［アサーション・トレーニング講座］平木典子・沢崎達夫　監修

# カウンセラーのためのアサーション

平木典子・沢崎達夫・土沼雅子　編著

金子書房

カウンセラーのためのアサーション❖目次

装　丁／長尾敦子

# アサーションの基礎知識

## 1　アサーティブな自己表現とは

### 1●アサーションとは

アサーション（assertion）とは聞き慣れない言葉かもしれません。英和辞典で調べてみると「主張」「断言」などという意味が書いてあります。また、形容詞のアサーティブ（assertive）には「断定的な」「自己主張の強い」などの意味が書かれています。ただ、このアサーションという言葉を辞書通りに「自己主張」という日本語に置き換えてしまうと、どうしても「一方的」だったり「押しつけ的」だったりするニュアンスがつきまとってきます。しかし、これでは本来のアサーションの意味とは異なるものになってしまいます。本来のアサーションの意味とは「自分も相手も大切にした自己表現」ということです。もっと具体的にいえば、「自分の考え、欲求、気持ちなどを率直に、正直に、その場の状況にあった適切な方法で述べること」ということなのです。すなわち、アサーションという言葉には「相手のことも大切にする」という意味があり、「自己主張」という日本語では、その意味が抜け落ちやすいのです。そこで、通常はこの言葉を日本語に訳さずにそのまま「アサーション」あるいは「アサーティブ」と述べ、あえて日本語にする場合には「(さわやかな)自己表現」と表記することにします。

## 2 3つのタイプの自己表現

自己表現には3つの種類があります。アサーションを知るためには、そのなかでアサーションとはどんなものを指しているのか、またそれはアサーション以外の表現とどこがどのように違っているのかを理解し、アサーションとアサーション以外の表現との区別ができることが必要です。

### 攻撃的(アグレッシブ)な自己表現

攻撃的な自己表現とは、自分は大切にするが、相手を大切にしない自己表現をいいます。自分の意見や考え、気持ちははっきり言い、自分の権利のために自己主張はしますが、相手の意見や気持ちは無視したり軽視したりするので、結果として相手に自分を押しつけることになります。常に相手を支配し、相手に勝とうと思ったり、相手より優位に立とうとする態度をとります。相手に自分の思い通りになってほしいと思っていますから、相手の犠牲の上に立った自己表現になってしまいます。

ただ、攻撃的という言い方から、大声でどなったり、暴力的にいうことを聞かせるようなイメージをもたれがちですが、それだけでなく、相手の気持ちや欲求を無視して自分勝手な行動をとったり、巧妙に自分の欲求を相手に押しつけたり、操作して相手を自分の思い通りに動かそうとしたりすることも含まれます。

具体的な場面を考えてみます。あなたがスーパーのレジに並んでいたところ、割り込んできた人がいたとします。攻撃的な自己表現をする人は「おい、おまえ、ここはみんな並んでいるんだよ！　後ろに並べよ」などと大声で怒鳴ります。

## 非主張的（ノン・アサーティブ）な自己表現

非主張的な自己表現とは、相手は大切にするが、自分を大切にしない自己表現をいいます。自分の気持ちや考え、信念を表現しなかったり、し損なったりするために、自分で自分を踏みにじることになります。「非主張的」のなかには自分の気持ちを言わないだけでなく、あいまいに言う、言い訳がましく言う、遠回しに言う、小さな声で言うなども含まれます。すなわち、表現しないことと、表現し損なうことの両方が含まれるわけです。相手に配慮しているようでいて、実は相手に対して率直でなく、自分に対しても不正直な行動です。

この傾向が強い人は、人間関係の主導権を相手に任せ、自分は相手の思いに合わせて、相手の様子をうかがって動く態度になります。日本人は相手を立て察することを期待し合う文化のなかで生きていますので、非主張的な傾向の強い人が多いようです。しかし、この傾向が強くなると、ストレスがたまりやすくなるし、相手から理解されていないという感じになりがちです。先ほどの割り込みの例でいえば、腹が立つのに、一人でブツブツ言いながら、そのまま我慢してしまっているような場合です。

## アサーティブな自己表現

最初に述べたように、自分も相手も大切にした自己表現のことです。自分の気持ちや考え、信念を率直に、正直に、その場に合った適切なやり方で表現します。お互いに大切にし合おうという相互尊重の精神と、相互理解を深めようという精神の現れともいえます。

しかし、アサーティブになれば、自分の欲求が通るというものではありません。お互いの意見や気持ちの相違によって葛藤が起こることもありますが、そこで安易に妥協したりしないで、お互いの意見を出し合って、譲ったり譲られたりしながら歩み寄っていき、それぞれに納得のいく結論を出そうとする、この過程を大事にします。すなわち、葛藤が起こることを覚悟し、葛藤が起きてもそれを引き受けていこうとする気持ちがアサーションの特徴です。話し合いの精神を大事にすることですので、自分が表現するのと同時に相手にも表現するように勧めることもアサーティブなあり方です。この意味で、「聴く」ことも立派なアサーションです。割り込まれた場合の例ですと、「ここはみなさん、並んでいますから後ろに並んでいただけませんか」と冷静にはっきりと伝えます。

アサーションの考え方では、人間はそれぞれ考え方や感じ方が違っているのは当然であり、また相手はこちらの意図とは違う受け取り方をすることもあると考えています。そして、こうした違いは尊重される必要があります。したがって、まずお互いがその気持ちや考えを率直に表現し合い、それをお互いが大切にし合うことで、お互いが理解し合い、関係を深めていこうとするのです。そういう意味でも、ただ「自分の言いたいことを正々堂々と言う」「相手を傷つけないように自己主張する」だけがアサーションではないことに注意しましょう。

なお、こうした3つのタイプの自己表現は各自がそれぞれすべて行っているのが普通です。それが相手や状況によって変わってくることも知っておいたほうがよいでしょう。

## 2　アサーティブな自己表現法の歴史的・理論的背景

### 1　アサーション・トレーニングの起源

アサーション・トレーニング（あるいはアサーティブネス・トレーニング）と呼ばれる自己

表現法の発祥の地はアメリカです。その原型は、対人関係に悩んでいる人や自己表現がうまくできない人のためのカウンセリングの一方法にあります。行動療法と呼ばれるカウンセリングでは、カウンセラーが人の言動に直接働きかけて、より有効な言動の習得を促し、問題や悩みを克服する方法を伝えていきますが、そのなかに、「アサーティブ・トレーニング」があったのです。「アサーティブ・トレーニング」では、非主張的な自己表現をアサーティブな表現に変えることを主として援助していましたが、人の自己表現のパターンを前に述べたアサーティブ、非主張的（ノン・アサーティブ）、攻撃的（アグレッシブ）の三つに分けて考えたのです。発案者は行動療法家のウォルピーだといわれています。

ところが、彼は、非主張的な人の訓練をしていくプロセスで、非主張的な人がアサーティブになろうとすると、時にいきなり攻撃的になることに気づきました。そこで、彼は、アサーティブとアグレッシブの違いを区別することを重視し、非主張的な自己表現も攻撃的な自己表現もアサーティブな自己表現に変えることの必要性を説きました。

この考え方と手法は、一九七〇年代に入って、人種差別撤廃運動のなかで非暴力活動を主張していた人々や、女性差別の犠牲者となっていた女性、フェミニストのカウンセラーたちに注目されはじめました。アサーションの考え方と方法は、被差別者の人権回復と自己信頼の獲得に、そして自己主張をしてこなかった人々の自己表現の方法として役立つことが改めて見直され、認められることになったのです。

一九七〇年には、アルベルティとエモンズ共著の"*Your Perfect Right*"（『あなたの完全な権利』）という本が出版されました。彼らは、とくに人権の視点からアサーションを解説して、アサーションが自己表現の技法としてだけではなく、人の尊厳にかかわる人間のあり方や対人関係の心構えにかかわる基本的な考え方を含んでいることを強調しました。この本は、被差別的立場にいる人々や人権問題に関心のある世界中の人々に読まれて、数年間ベストセラーを続けています。そして、日本でも数年前に訳書が出版されています。

アサーションという考え方は、一九七〇年以後「誰もが自分の考えや気持ちを表現してよい」という表現の自由と権利の視点からとらえなおされ、より広い視野と方法を含んだ一つの訓練法としてまとめあげられ、それが世界にも広がっていったのです。

## 2 アサーション・トレーニングの広がり

このように一つのまとまった自己表現の訓練法として確立したアサーション・トレーニングは、とくに国連の国際婦人年（一九七五年）をきっかけに、フェミニストによって重要な女性支援の方法として歓迎され、フェミニスト・セラピーのなかにも取り入れられていきました。一九七五年から一〇年ほど、女性のためのアサーションに関する著書が多く書かれ、多くの女性に読まれ、女性を啓発しました。このころ、日本でもフェミニストによってアサーションの本が訳されています。

ちなみに、私（平木）がアサーションを日本人に適した形に翻案して紹介したのは、一九八一年で、当時、対人関係に悩みはじめた日本の青年と女性に役立つと考えたためでした。

ただ、アサーションの考え方と方法に注目したのは、フェミニストだけではありませんでした。ほとんど時を同じくして、多くの人々がこの考え方と方法が、自分たちの仕事に有効であることがわかりはじめました。

第一は、キャリア・カウンセリングの分野です。アメリカはとくに、就職、転職、キャリア・アップの活動が盛んな国ですが、生徒や学生のキャリア・ガイダンス、日本のハローワークのような職業紹介の窓口、転職の相談などで、相当の実力や技術はもっているのに、自己アピールが下手だったり、アサーションができなかったりする人がいて、不利な立場に追い込まれることがわかりました。そんな人々への援助法としてアサーション・トレーニングが活用されていったのです。

日本では、バブルがはじけ、リストラの嵐が吹き荒れるようになって、やっと再就職などのキャリア・カウンセリングと職場の精神保健の向上・維持に産業カウンセラーがアサーションを取り入れはじめています。

アメリカでは、職場でもアサーションは注目されました。自他尊重の自己表現が活発で、自由なやりとりができる職場では、従業員の精神的健康度が高く、またお互いに自発性や創造性が刺激されて、いいアイデアや活発な動きが出るということがわかったのです。また、とくに諸外国との取り引きや外国支店勤務をする人々には、多文化間コミュニケーション訓練の一環としてもアサーションの訓練が取り入れられていきました。この分野では、日本でも外資系の会社の訓練に取り入れられています。また、セクシャルハラスメントの防止、予防にも活用されています。

次にアサーションに関心をもち、積極的にその活用を進めた人々にカウンセラー、医療・看護職、社会福祉職の人々がいます。主として他者の援助にかかわっている人々は、自分たちの仕事のなかで、アサーションができないで人間関係につまずいたり、不本意な立場に立たされたりしている人に多く出会います。アサーションの必要性に気づき、取り入れようとしていざアサーションを学んでみると、他者の援助の方法としてのみならず、自分たち自身にとっても不可欠だということに気づきはじめていきました。つまり、アサーションを伝えるには、まず自らがアサーティブになることの必要を感じたのです。

援助をすることが主たる仕事の職場では、生命にかかわるような仕事、過ちが許されない仕事、緊急を要する仕事、休む間もなく直ちに対応すべき仕事などが多く、命令や要求が次々と出されることが普通です。当然、それらすべてに対応することは不可能なときもあり、無理を続けると、援助者自身の健康や能力に限界がきます。そんな状態を「燃え尽き症候群」と呼んで、援助職への警告が出されましたが、それは他者を援助する人が、実は自分の面倒を見られなくなってはじめて、自分がアサーティブでないことに気づいた姿といえるでしょう。カウンセラー、看護職、幼児・児童虐待などに対応している児童相談所の人々は、常にこの危険にさらされています。とくにこの領域の人々には、「自分の限界を認めてノーを言う権利」を使うことの重要性が指摘されています。

また、学校では、いじめ、暴力、相互の助け合いの欠如、話し合いのスキル向上などにアサーションが認められ、教師自らがアサーティブになることと同時に、子どもたちに「さわやかな自己表現」を伝えることが始まっています。少子化、効率化、自己中心化のなかで、自他尊重の自己表現は、人権教育とともに重要な課題であることは間違いありません。

今後、グローバル化が進み、より複雑化、多様化していく社会のなかで、アサーションは、単に自己表現の方法としてだけでなく、人間の「不完全さ」と「違い」を認める人権尊重のあり方としてもますます重視されていくことでしょう。

沢崎達夫・平木典子
（アサーション・トレーニング講座 監修）

# 1章

# カウンセラーにとっての
# アサーション〈自己表現〉トレーニング

## 1　カウンセラーがアサーションを学ぶ意味

私がアサーションを学びはじめたのは約二〇年前になるでしょうか。はじめは職場での人間関係の問題から始まりました。非主張的であった私は嫌なのに、つい「はい」と言ってしまい、一人で何もかも背負いこんでしまう傾向がありました。その結果、仕事が増え続け、不満を感じはじめていました。なんでも「はい」と言って引き受けるので相手は私が不満を抱いているなどとは思わなかったでしょう。自分が必要とされる落とし穴に入っていたのです。カウンセラーなど、他者の援助をしようとする人は、もしかしたら人の世話をすることで自分の存在価値を確認するという落とし穴に陥らないようにこころすべきでしょう。さらに私の場合は、一人っ子だったので、何もかも自分でやってしまう傾向がありました。他人に援助を求めることができませんでした。助けを求めるくらいなら、自分でやってしまったほうが早いとよく考えていました。それは家庭生活のなかでも同じでした。働いているから家事をおろそかにしていると批判されるのが嫌で（誰も批判などしなかったのですが）、なんでも一生懸命やっていたような気がします。しかし、アサーションを学んだおかげで、他人に助けを求めてもよいということ、客観的、合理的な仕事の量を求める権利があること、罪悪感をもたずに断る権利があることを知り、次第にアサーションを駆使しはじめました。職場の上司とも話し合うことが増えました。その結果、かえって人間関係は改善し、また当時勤めていた精神科の病院の給料を上げてもらうことも主張でき、交渉に成功したのです。なぜなら、私には客観的、合理的な賃金を求める権利があったからです。

このように、はじめは具体的な日常生活のなかで生じてくる問題やトラブルに対処するために有効であると感じていましたがそれだけではなく、カウンセラーがアサーションを身につけることの意味を強く感じはじめました。それについては以下に自分の体験をふまえながら、述べていきたいと思います。以下にあげた項目はカウンセラーの適性を論じるときに重視されることだと思います。

## 1　自分を知る

カウンセラーの適性の一つとして「自分をよく知っている」ということがあげられます。ロジャーズは「自己理解」をあげ、自分自身の限界や短所について完全に理解していることが必要であるといいます。アサーションはまず、自分の考え、感情、気持ちなどに正直であることを前提とします。つまりどんな自分であってもありのままでよいのです。そしてどんな感情も感じてよいといいます。たとえば不安なとき、緊張しているとき、それを認めることもアサーティブな態度と考えます。肯定的感情も否定的感情も、感情はすべて平等に感じてよいものであるという考え方は、感情に対する思い込みをもっている人には意外に感じられるかもしれません。自分の感情や欲求を大切にしてよいという考えは、カウンセラーがしっかりもっているべきものだと思います。

また「怒り」に関しても自分が怒りを感じることに寛大になることができます。「嫌だ」とか「賛成できない」「好きではない」ということも小さな怒りであるということを知ったら、そんな小さな自分の心の動きにも敏感になり、そして、大切にできるでしょう。カウンセラーにとって必要条件とされる「自己一致」「いまに生きる」ことがアサーション・トレーニングによってさらに身についてくるでしょう。また、「他人にキチンと自分の感情を示せる」ということも、カウンセラーの成長に必要であることはいうまでもありません。

## 2　共感的理解

カウンセラーにとって「所有物でない共感」も必須のものです。共感しようとする姿勢は他者尊重の気持ちが先になくてはなりません。アサーション理論では、基本的人権であるアサーション権を学びます。自己表現したければしてよい権利です。人が存在することにまつわる権利です。所与のもので、自然権ともいわれ、義務は伴いません。この権利を学ぶことにより人はもっともっと自分を大切にしてよいのだということを学ぶでしょう。そしてこの権利は自分にもあるということ、子どもにも、他者にもすべての人にあることを学ぶのです。一人ひとりの生は独自でよく、すべて違っていてよいのだと気づきます。

カウンセラーにとってどんなクライエントの人生もその人のものとして尊重することは当たり前のことですが、そのことが、人権の学びによってもっと根深く理解できます。相手を大切に思うとき相手の正直な感情や気持ちを知りたいし、理解したいと思うのが自然な態度として出てくるものです。相手をその人として「知りたい」と思う気持ち、それが共感的理解を起こさせます。

## 3　受　容

ここで「受容」という場合、カウンセラーの自己受容と他者受容を指しています。「無条件の肯定的配慮」と言い換えることもあります。カウンセラーは自分の価値観や考えを押しつけたりすることなく、条件つきでなく、クライエントのどの側面にも積極的に肯定的に関心を向け、クライエントのすべてを受容することであるといわれています。しかし実際はすべてを受け入れることは難しいことです。カウンセラーも人間なので、さまざまな感情をもっています。しかしアサーションを学ぶことによって、2で述べたように自己受容が進み、自分の失敗を許したり（失敗する権利）、自分のさまざまな側面を受け入れることが進むにつれて他者受容も進んでいくでしょう。なぜなら、自分を受容できたぶんだけ、他者も受け入れられるからです。

## 4　権威に対する態度の変化——対等で相互尊重的な関係

アサーションを学ぶと、自分のなかの対人関係のパターンに気づかされます。たとえば私の場合は、権威に対する従順さと非主張的態度が前面にあって、内面では反発と敵意があり、それを気づかれまいと葛藤していました。また私は他者に支配されたり、操作されることを極端に嫌うこともありました。私が攻撃的になるのは、自分がコントロールされそうなときであることもわかりました。

アサーションでは対人関係を攻撃的・非主張的（受身的）・アサーティブの3つのパターンに分けています（2頁参照）。まず、おおよその自分のパターンを知ることによってその枠組みのなかで徹底的に自分の対人関係をみつめ、掘り下げていけるところが利点です。カウンセリングのなかでは対人関係のもち方に焦点を当てるとしても枠組みが明確でないので、あいまいになってしまうことが起こります。それまであまり意識されず、しかしなんとはなくギクシャクしていた対人関係の節々に素早く気づくのです。

アサーション理論ではどんなにやさしく言っても相手をコントロールすることや操作することが攻撃行動であるとされます。カウンセラーはこの点をしっかり理解し、クライエント（子どもに対しても）を自分の思い通りに動かそうとしてはいないか、操作が入っていないかを常に自問すべきでしょう。

カウンセリングのなかで、権威の問題は数多く登場します。たとえば、引きこもりの青年、無気力になりがちな中年期の男性、仕事にいきづまるキャリアウーマンなど、その影に権威の問題、葛藤が隠れていることがあります。カウンセラーは自分のなかの権威の問題（親との問題に帰することもありますが、それだけにかぎりません）を解消しておく必要があります。自分の問題を解消しておかないとクライエントの微妙な感情に共感できないかもしれないからです。権威に対するこだわりや葛藤がとれると、素直な態度で権威者に接することができるでしょう。対等な人間ではあるが、尊敬や敬愛をもって接することが可能になります。また同時にクライエントを個性あるユニークな存在として尊敬し、カウンセラーも自分を尊重しつつ、対等な、平等な人間としてかかわり合っていけるのです。

## 5　自己信頼・自尊感情（自尊心）

アサーションを学ぶ意味のなかで、私は自己信頼の増加と自尊感情の確立を一番にあげたいと思います。それはカウンセラーにかぎらず、すべての人にいえることです。しかしここではあえてカウンセラーにとっての意味を考えてみましょう。

カウンセラーの適性が論じられることがありますが、成熟した人柄と並んで、自尊心と自信つまり自己信頼は欠くべからざる条件であると考えます。クライエントの自己破壊的行動の多くが自尊感情の欠如や自己否定的イメージによることを考えても、自己信頼と自尊心はアイデンティティを支える重要な感情であるといえます。アサーションを学ぶうちに、自分を尊重してよいということを学びます。自分を尊重するということは、自分の欲求や衝動、そしてどんな感情も自分にとっては大切であるということを知ることです。自分の感情や欲求をささいなこととして切り捨てるのではなく、適切に外へ出してやり、その言い分を聞いてやるということです。正直に自分の内部の声に耳を傾けることができると、自分を大切にし、また愛している実感がします。そういうふうに自分にやさしくしていたり、時には勇気を出して本心を表現して対決するときに自分は自分に忠実でよいのだという確信がもてるでしょう。それまでは自分の能力を過小評価していた人、自分自身に信頼がもてず不安で動けないような人、自分に厳しすぎて自分を認めてやらなかった人も、次第に自信を得たり、自分を大切に扱うようになるでしょう。自分の内面の声を大切に聴くということは、クライエントの心の叫びや小さなつぶやきをきちんと聴けるということに通じます。カウンセラーが自分をなおざりにして自分の心の声を聴けなくてクライエントの声を聴けるとは思えません。自分に正直に自己一致し、表現していくたびに自分の内的中心に触れ、自分にOKが出せるのです。その充実感と自己確信がさらに生きる意欲をかきたててくれるのです。

そういう意味では、アサーションは自分自身をほめたり、自分と会話し、自分と正直につきあいながら自分を育てていく道、つまり自己育成的であるといえるでしょう。また、どんな状況でも自分でなんとかできる自信と挑戦したいという気持ちもてるようになるでしょう。自分のくだす判断を信頼するようになれば、もうまわりの人の目を気にしなくてもよいのです。カウンセラーが自己受容でき、自己表現の意味を知っているカウンセラーこそがクライエントの自己表現（非言語表現を含めて）を勇気づけたり、応援できるのではないでしょうか。もう一度この自己信頼・自尊感情を強めるためには、適切な自己表現が大きな力をもつことを強調しておきます。

## 6　責任を自覚する

成熟した行動には「責任をとる」ということが含まれると私は考えています。フロムも「人は自己の行為に対して自由に選択しうるかぎり、それについて責任を有する」と述べています。アサーション理論を学ぶとき、基本的人権を学ぶことになりますが、そのなかに、「誰でも、過ちをし、そのことに責任をもってよい」とあります。これは決して責任をもたねばならないということではありません。「もってよい」「もつことができる」というところにポイントがあります。

アサーションは自分の選択、決定をしてよいということであり、自分の人生を自分の望むように生きる権利があるということを教えます。私たちが生きることを意識的に選び取ったとき自分自身の責任が新しい意味をもちます。つまり、自分の生命（生きているということ）の責任を自覚的に選び取っているということになります。また生涯かけて自分のしたいことを自由をもって選び取ったがゆえに、外からの試練も自分のやろうとすることの価値のためにすすんで受け入れる姿勢に変わるでしょう。この責任を自覚することから、その対極にある利己心についても気づきやすくなります。そして自分のなかに倫理の源泉を見つけることも可能になると考えています。この責任の自覚とともに、そこから出てくる「意味のあることに自分を投入できる」資質はカウンセラーにとっても必要な資質であると思います。

## 7　多様性を受容する生き方

また、人間は「誰でも過ちをし……」という箇所については、「人間である権利」ともいわれ、人間は完璧ではないことを教えてくれます。カウンセラーはとくに、多様性を認めることが必要であるし、広い心で過ちを許せることも資質の一つでしょう。アサーションを学べば学ぶほど、多様性を受け入れることができるようになります。権利だけではなく、「認知上のアサーション」を学ぶことによってもまた、人々の感じ方、考え方はさまざまであることがわかります。そしてまた私たちは多くの非合理的思い込みをしていることに気づかされるというわけです。

アサーション理論はエリスの論理療法の影響を受けています。ものの見方、考え方を変えてアサーティブになろうとします。人間の悩みの多くは、本人が非論理的・非合理的な思い込みをしているところからきていると考えます。カウンセリングの過程で起こる洞察や、人格変化もこの思い込みや信念体系の変化ともいえます。合理的思考とは「……であるにこしたことはない。しかし必ずしもそうでなくてもよい」という考えです。これは、第一希望に代わるものをもっていますし、絶対主義ではなく、現実的で柔軟です。このように柔軟に生きるなら人々はそんなにひどい不安に陥ったり、神経症になることは少ないと考えます。結局長い目でみると、人々を幸せにし、自己実現を促進する考え方であるといえます。この論理療法はカウンセラー自身にとっても人生を生きやすくする理論だと思いますし、クライエントが絶望の淵にいるときも、希望を失わずクライエントとともに可能性を探していけると思います。また同時に非合理的な仮定や自己破壊的信念に巻き込まれずにそれらに立ち向かい闘うことができる考え方ではないでしょうか。

## 8　感情を言葉にする

カウンセリングでは、カウンセラーが許容的な雰囲気をつくりだすことによって、クライエントが自分の感情を自由に表現できるようにします。感情が自由に表現できるようになるとき、健全な心理的成長が起こると考えます。しかし、自分の感情を言葉にすることが苦手なクライエントも少なくありません。そんなとき、カウンセラーはクライエントの気持ちにそって「こんな感じでしょうか」と、確認したり、言い換えてみたりすることも必要です。カウンセラーは内的世界のイメージや感情を言葉にして表現する能力が問われます。アサーションでは感情とのつきあい方を学びます。未分化な感情を、イメージにしたり、言葉にしてみることによって感情は分化し、理解しやすくなります。内的世界を言葉を介して伝え合うことによって両者の交流は促進されます。アサーションでは感情についての思い込みを認識させます。またどの感情も大切であり、どの感情を表現してもよいのだということも知ります。カウンセラー自身がすべての感情を受容でき、否定的と思われている感情、たとえば、不満、失望、嫉妬、怒り、妬み、性的に淫らな感情なども肯定的感情と平等に扱えることは重要なことです。また自分の感情を表現してクライエントに示せることもカウンセラーの資質であるということはすでに1で述べました。

とくに役立つことは、自分の感情と他者の感情を区別するところでしょう。クライエントの感情に共感しても自分自身でいられる強さはカウンセラーの要件です。また怒りについての学びが、3節（38頁～）で述べるように自分自身にも怒ることを許し、カウンセリング過程でもクライエントの怒りに対処できたり、自分の怒りを穏やかに、表現することを学びます。

カウンセラーが自分の感情にも目を向け、自己一致できるようになれば、カウンセラーは自己犠牲を強いられることなく、クライエントを見守ることができるのです。

## 9　周囲の世界との関係のあり方

アサーションを学ぶことにより、周囲の世界との関係のあり方が変わってくるでしょう。周囲の世界に規定され、流されていると感じると、人は無理に攻撃的に逆らったり、逆に受身的にあきらめてしまい、自分が本当にしたい生活を送れなくなったりします。アサーションを身につけることで、周囲との葛藤をおそれず、話し合いや交渉のプロセスを楽しむゆとりが生まれます。周囲との調和を考えながら、自分の望むことを実現していこうとすることができます。自分の主張が表現できて、相手の主張が理解できたとき、互いが納得して、自分の主張をとりさげることもアサーティブな行動です。

日常会話のコツや課題解決場面でのせりふづくりを学ぶことによって、会話を楽しむこともできるようになります。基本的に自分を含め人を信頼できるようになりますから、少し技術的なことを知ることによって他者との関係を自由に創造的、建設的につくっていけるのではないでしょうか。カウンセラーが、他者との関係について、自分も他者も尊重でき、偏見や差別感をもたずに、人々に愛情をもってかかわれることは大切な条件でしょう。

## 10 非言語的コミュニケーションについて

カウンセラーが言語表現、考え方の上ではアサーティブにできたとしても、非言語的レベルでアサーティブでないなら、クライエントは混乱したり、理解できなかったりします。非言語的コミュニケーションの要素には、視覚的なものと聴覚的なものがあります。視覚的なものには、カウンセラーの視線、表情、姿勢、動作、距離のとり方や向き、服装、面接室の家具や壁の色、調度品などいろいろあります。たとえば、壁に飾られた絵画、窓際の花々など、カウンセラーの好みや個性を表現していると受け取られます。また聴覚的なものとしては、声の大きさ、速度、調子、明確さ、余分な音の有無や間などによって受ける印象は違ってきます。非言語的コミュニケーションの領域には文化の違いによって非常に差がありますので、いちがいに良い、悪いは言えませんが、認識しておくことは必要です。カウンセラーは、クライエントに与えているメッセージを意識している必要があります。

また「ダブルメッセージ」、たとえば微笑みながら、怒りを伝えるというような矛盾したメッセージをクライエントに与えないようにすることも、アサーションを学ぶうちにしっかり意識できるようになります。

以上思いつくままに、アサーションを学んでよかったことのうち、カウンセラーがアサーションを学ぶ意味について考えてみました。偶然一〇個に分けられましたが、結局は本質的には一つのことであるような気がしています。それはいまのところ「自己信頼」「自己尊重」「自尊心（自尊感情）」という言葉で表されるものです。ありのままの自分、正直な自分を生きようとする決心ともいえます。その他のすべてのことはそこから派生してくる側面のような気がしています。

カウンセラーにとっての意味ということで、カウンセラーの適性、資質を考慮しつつ、すすめましたが、結局はカウンセラーにかぎらず、自分の人生を生きたいと思っている人すべてにアサーションは意味があると断言できます。ロロ・メイは「自分になる勇気」といい、キルケゴールは「自分自身であろうと決意することは人間の本当の職務である」といっています。カウンセリングの基本目標は自己認識を広げることであるとするなら、カウンセラーはまず自分になりきる勇気をもち、本来の自己を信頼しようという勇気をもってほしいと思います。そしてアサーションはその道を具体的にわかりやすく教えてくれる哲学であり、有効な方法だと思っています。

（土沼雅子）

## 2　アサーティブなカウンセラー、アサーティブでないカウンセラー

### カウンセラーの思い込み——非主張的なカウンセラー

先日ある研修会でこんな話を聞きました。その人はある企業の中間管理職の人で、カウンセリングを学びはじめたばかりの人でした。その人が言うには、「傾聴の重要さを勉強したので、職場でもこのごろなるべく自分の意見を言わないで、部下の話を一生懸命聴くようにしている。そうしたら、『このごろ○○さんは話はよく聴いてくれるが、それだけで、あとは何も言ってくれない』などと不満を言われるようになってしまった」ということでした。

これに類似する話は時々聞きますが、なぜこのようになってしまったのでしょうか。「クライエントの話を最後まできちんと聴きましょう」ということはカウンセリングの研修の最初に学ぶことです。しかし、このことが「クライエントに助言してはならない」、あるいは「自分

の意見を言ってはいけない」などと拡大した「非合理的な思い込み」に発展してしまうことが珍しくありません。この人は専門のカウンセラーではありませんが、専門のカウンセラーでさえも最初そう思い込んでしまうことがあります。自分の心のなかにさまざまな思いがあり、このことを伝えたいと思いながらも、何もないような顔をして話を聴いていくことはアサーティブなあり方とはいえません。カウンセラーがもちやすいこうした「非合理的な思い込み」の例をあげてみましょう。

① 助言や自分の意見を言ってはならない
② クライエントをありのまま受け入れなければならない
③ クライエントに対してマイナスの感情をもってはならない
④ カウンセラーはいつもにこやかで穏やかでなくてはならない
⑤ カウンセラーはいつも最適な解決法を授けるべきだ

どちらかというと内面に目が向きやすく、人助けをしたいという気持ちの強いカウンセラーは、相手のことを思うあまり非主張的になりやすいし、こうした非合理的な思い込みをもってしまうのかもしれません。

こうしたカウンセラーは、自分を犠牲にしてクライエントに尽くすのは美徳であると考え、クライエントのために東奔西走します。カウンセリング以外の場面でもクライエントのことを一生懸命考え、なんとかならないかと心配ばかりしています。結局はクライエントのことが信頼できないでいるのですが、こうしたことが続いてくるとカウンセラー自身がその状態を続けることができなくなってしまいます。カウンセラーの燃え尽き状態です。相手（クライエント）のことは精一杯大切にしようとしているのですが、肝心の自分のことがなおざりにされていますので、これはアサーティブなあり方ではありません。

また、こうしたカウンセラーはクライエントから無理な要求をされたときに「それはできない」と断ることができません。クライエントに対してうんざりしてきてもそのような感情をもっている自分を受け入れることもできません。本当はどうしたらよいかわからず困っているだけなのに、無性に腹が立ってきたり、自分が苦しい状態に追い込まれているのに何も言えずに黙っているしかなくなってしまいます。逆に「私がこんなに心配してあげているのに、なぜわかってくれないの」「私がこんなにいろいろしてあげているのになぜ変わらないのだ」などとクライエントを非難したくなることも起きてきます。つまり恩着せがましくなって相手を責めるようになるのです。

このように、非主張的な傾向の強いカウンセラーは一転して攻撃的になることもあります。非主張的と攻撃的とは一見正反対のように見えますが、容易に一方から一方へと転じてしまうことがあり、裏腹の関係にあることがわかります。

## アサーティブなカウンセラー——合理的な思い込みへ

カウンセラーがもちやすい「非合理的な思い込み」について述べましたが、これをどのようにしたらアサーティブなカウンセラーになれるのでしょうか。エリスの創始した論理療法の考え方では、「〜でなくてはならない」「〜であるべきだ」といった「非合理的な思い込み」は「〜であるにこしたことはない」と言い換えれば「合理的」になると考えています。これを利用して先に述べた①と③を取り上げてこれらの「思い込み」を言い換えてみましょう。

① 助言や自分の意見は言わないにこしたことはない

確かにカウンセリングはクライエントが自らの力で問題解決をしていくことを援助するものです。ですからカウンセラーがこうしたらよいという助言を与えることではありません。しかし、カウンセラーが絶対に自分の考えや助言を言ってはならないということではありません。クライエントの状態や問題の内容によってはカウンセラーが押しつけがましくなく助言をしたり、自分の考えを伝えることで、カウンセリングが新たな展開をしたり、クライエントに新しい気づきが起きることがあります。最後はクライエントが自分で決めるのだという姿勢で具体的で現実的な提案をし、そのことに対するクライエントの考えや気持ちを聴くという姿勢で行われるならば、その助言や提案はアサーティブなカウンセラーの行うかかわり方の一つといえるでしょう。

③　クライエントに対してマイナスの感情をもたないにこしたことはない

話を傾聴することができなくなります。しかし、カウンセラーも人間です。時には好きになれないクライエントに会うことがあるかもしれませんし、クライエントの自分勝手な発言に腹を立てることもあるかもしれません。しかし、カウンセラーがそういう感情をもってはならないと思っていると、それらはすべて抑圧されてしまい、そうした感情をもっている自分を認められなくなります。これではカウンセリングはうまくいきません。

そんなときはまず、そうした感情をもつ自分に気づき、そのような自分を認めていきましょう。そして今この感情をどう扱ったらこのクライエントにとって役に立つのかを考えてみましょう。その感情を率直に、適切に伝えることで関係が深まってくることがあるかもしれませんし、新たな洞察に導くことができるかもしれません。また、それを手がかりにクライエントのことがより一層理解できるようになるかもしれません。いずれにしてもその感情が自分のなかに存在することをまずきちんと認識することから始まります。そしてその感情は自分のものなのですから、自分がこれをどう取り扱うかを考えていくことがなによりも必要といえるでしょう。

## カウンセラーの権利意識――攻撃的なカウンセラー

アサーションを支える最も基本的なところに「アサーション権」の考え方があります。これは「誰もがアサーティブになってよいという権利を有している」ということであり、「他者の権利を侵さないかぎり自分がアサーティブになってよい」ということを示しています。この権利が認められる背景には、「人間はすべて平等でしかも価値ある存在であり、一人の人間として尊重される」という考え方があり、また「その感じ方や考え方は一人ひとり異なっており、それも尊重される」ことになります。こうした考え方を基礎としたアサーション権のなかに「自分の行動は自分で決めてよい」「私たちは自分自身についての最終的な判断権をもっている」というものがあります。これはカウンセリングにおいても大きな役割を果たしている重要な考え方です。クライエント自身が自分をどうしたいのか、自分のどこをどう変えたいのか、変えたいとしたら何をどうするのか、といったことは最後は自分で決定し、自分で動き出すのだということです。交流分析では「過去と他人は変えられない」といいますが、これも他者による変化の強制を否定しているという点でいえば、同じ意味と考えることができます。もちろんそのために人の援助を受けることがあっていいのです。しかし、カウンセラーとしてはクライエントのもつこの基本的アサーション権を忘れてはなりません。

さて、カウンセラーが資格をもつことの重要性はいうまでもありませんが、資格をもつということは公的に認められた専門職として権威が高まるということです。このことはカウンセラーの社会的な安定を図るためにはよいことなのですが、一方で自戒しなければならない面もあわせもっています。たとえばカウンセラー自身が自分は特別な存在で、クライエントよりも一段上の立場にいるのだと思い上がってしまうことです。そうなると、カウンセリング場面でなんとか良い助言をしなければならないと思い込んだり、自分の意見を押しつけようとしてしまうことも起こってきます。もちろん資格がなくてもカウンセラーと名のついた立場になるだけでもこうしたことは起きやすくなります。思い込みのことは前に述べましたので、ここでは「押しつけ」（＝攻撃的）のことを考えてみたいと思います。

たとえば、簡単な例をあげてみましょう。離婚問題で悩んでいるクライエントに対して、「いつまでも悩んでいても仕方がない、早く離婚したほうがスッキリしていいですよ」と助言したとします。言い方にもよるでしょうが、カウンセラーの一方的な価値観の押しつけを感じるクライエントは表面的には素直に従うような姿勢を示しながらも、内心は反発するでしょう。不本意ながらも、経験豊富なカウンセラーが言うのだからそのほうが間違いないだろうと思う人もいるかもしれません。クライエントはカウンセラーの前では非主張的になりやすいことも知っておいたほうがよいでしょう。クライエントがいわゆる社会的弱者と呼ばれる人たちであればなおのことです。いずれにしてもクライエントが自分で考えて決定していくプロセスが大切にされていないことになります。

また自分がカウンセリングをしているとき、自分の年齢や性、立場、資格などがさまざまな形でクライエントに影響を与えています。また、その影響の仕方はクライエントが生まれ育ったプロセスのなかで、大人や権威者との関係がどうであったかによって変化してきます。自分がまったくそのつもりがなくて、相手に対して良かれと思ってしたことでも、知らず知らずのうちに「押しつけ」になっていることがあるかもしれません。その場合は無意識のうちにクライエントの権利を侵害していることになるのです。これは攻撃的なカウンセラーのあり方です。カウンセラーは確かに人間としてはクライエントと対等であるかもしれませんし、どちらにも偏らない中立の立場を維持しようとしているかもしれません。しかし、カウンセラーが自分でそうだと思い込んでいても、クライエントの立場からそのように見られているとはかぎりません。常にそうした自分のかかわり方、自分の社会的立場、自分の価値観などをふり返り、そうしたことに意識的になる必要があります。

そのときに真っ先に出てくるのは先に述べたように人権の問題です。相手を無意識のうちに動かそうとするのは攻撃的なあり方です。つまり無意識のうちの人権侵害です。カウンセラーという、立場が「上」にある者こそがこの人権尊重のアサーティブなあり方を意識する必要があります。人権の問題は従来、力のない立場の人間が常に意識してきた問題かもしれませんが、力のある立場の者こそが不断に意識していくことが必要です。自分は立場が上だから攻撃的な表現をしてもよいのだと考えるのはあまりにも自己中心的ですが、無意識のうちに押しつけ的な言い方をして相手を自分の思い通りに変えようとすることにも注意が必要です。

## アサーティブなカウンセラー——人権の尊重へ

人権を尊重したカウンセラーのあり方とはどんなあり方でしょうか。まずカウンセリング場面への導入ではインフォームド・コンセントを大事にします。具体的にはカウンセリングの内容、方法、目標、結果の見通し、面接日時、回数、場所、費用、カウンセラー自身について必要な情報などについて十分説明をし、質問に答えること、さらにその上でカウンセリングを受けるかどうかも自分で決定できることなどを伝えます。また、一度決めたことでも後で変更してよい、断ってもよいということも伝えます。これらのことをクライエントの年齢や性、能力などに応じてわかりやすく説明し、同意を得てからカウンセリングを開始することとします。

カウンセリング中は、クライエントの話を傾聴することが求められます。傾聴の重要性はカウンセリングの基本として常に強調されることですが、アサーションの「相手も大切にする」部分がこの傾聴のなかに表れてきます。自分が表現するだけでなく相手にも表現してもらうこと、相手が表現しやすいように聴くこと、こうしたことがアサーティブな姿勢です。これはカウンセラーとクライエントとの信頼関係づくりに役立つと同時に、クライエント理解にも資することです。

さらにカウンセリングのかかわりのなかで、カウンセラーは自分がどう反応し、どう言うかということについて常に瞬間的な判断をして動いています。そのときにそれがクライエントの変化に役立つようなかかわりになっているかどうかが大きな問題となります。こうしたとき、クライエントが自ら変化を起こすような気持ちになれるということが重要です。クライエントに対して操作的な気持ちが強くなり、一方的にクライエントを変化させようとすると、クライエントの主体性を無視した攻撃的なかかわり方となります。それは決してアサーティブなかかわりとはいえません。カウンセラーが自分の気持ちをきちんと表現できて、相手の話も傾聴する、その上でクライエントがカウンセラーの言葉を気持ちよく受けとめて変化へと動き出せる、こうしたことをめざすのがアサーティブなあり方です。助言をするときも、具体的で現実的な提案をし、そのことについてクライエントは自由に自分の意見が言える、時にはそれに反論したり断ったりも自由にできる、そうした自由な表現を保証していくことも必要になるでしょう。

こうしたことが可能になるとき、それがアサーティブなカウンセラーだといえるでしょう。

（沢崎達夫）

## 3　カウンセリングに有効なコミュニケーションのとり方

カウンセリングの本質は人と人の関係そのもののなかにある癒しであるといえるでしょう。私たちは生育歴のなかでさまざまな人々と出会います。なかでもとりわけ、両親や、学校の先生や、祖父母など自分にとって大切な人の影響は大きいものです。たとえば、もし親自身が自尊感情をもてなかったり、不安が強く、神経症的であった場合、自分の子どもを愛することができなかったり、その子のありのままの姿を認めることができないかもしれません。子どもを支配したり、脅かしたり、厳しくしすぎたり、甘やかしすぎたり、一貫性なく接したりするかもしれません。そんなとき、子どもは、傷つき、安心感をもてず、欲求不満をもち、不安に駆られるでしょう。その結果、人はもって生まれた本来的な自分を発揮できなくなったり、自己表現するのに躊躇するようになります。そして自然な感情に基づいて他人とかかわる能力を損なってしまうのです。このような人は安心感と満足感を取り戻すため、あるいは愛情や受容の欠乏感から逃れるために、強迫的な行動や、嗜癖的な人間関係に陥ってしまいがちになります。このような人間関係によって受けた心の傷や欠乏感はやはり人間関係のなかで癒していくことができるのです。

この「関係そのものがもつ癒しの力」が強調されるのが、ロジャーズのカウンセリングです。ロジャーズは、治療的パーソナリティ変化のカウンセラーの必要十分条件として「自己一致（真実、純粋さ）」「積極的関心（受容、配慮）」「共感的理解」をあげています。これらについては、すでに1節（13頁〜）で触れていますので、ここでは省略し、アサーションの基本的態度と一致するということのみ述べておきます。

カウンセリングのプロセスは、カウンセラーとクライエントの対話のプロセスであると言い換えることができます。これらの過程のなかでクライエントは今まで気がつかなかった自分に気づき、正直な関係のなかで、自分を取り戻し、ありのままの自分を受け入れてもらえる体験を通して、自分を受容することができるようになります。カウンセラーはこのプロセスをクライエントとともに歩みます。そこで当然、カウンセラーとクライエントの対話・コミュニケーションが重要な軸になります。そこでは言語が大きな役割を果たすのですが、非言語的表現（姿勢、態度、動作、振る舞い、音声、抑揚、沈黙、表情など）も、言語の背景で、言語を支える重要な役割をもっています。

ここではまず、治療関係における言語表現について有効なコミュニケーションとは何かについて考え、次に感情の把握と表現について触れます。また、カウンセリングの過程で生じてくるパワー・プレイや行動化など、対決を迫られる場合についてどう表現できるかについても考えてみます。そして非言語的表現をいかに有効に使えるかについても述べたいと思います。

## カウンセリングにおける言語表現

カウンセラーはまず自分自身に正直であり、クライエントから伝えられていることのうち、実感として伝わってくることに応答していきます。自分のなかに生じている「感じ」に素直について動けることです。このとき、アサーション・トレーニングの理論のところで学ぶ「言語上のアサーション」の前提がそっくりそのまま活かされます。

有効な聴き方は次の4ステップにまとめられます。

①　傾　聴

クライエントの感情、意見、願望を正確に聴くために、クライエントに注意を集中させます。そして十分集中して、クライエントの気持ちや感情や欲求を聴きます。もしクライエントの気持ちや望みがよく伝わってこなかったり、不明確なら、クライエントに説明を求めます。たとえば「あなたがそれについてどのように感じていらっしゃるのか、いまひとつつかめません。

もう少し説明していただけませんか」とか、「あなたが望んでいらっしゃることはなんですか」というように聞くこともあります。そしてカウンセラーはクライエントの気持ちや願いや欲求が理解できたなら、自分が理解したことを「このように理解した」とクライエントに伝えましょう。たとえば「私はあなたが家事と育児で疲れ切っているということ、そして、夫の具体的な援助がほしいということをききました」というように確認します。

② 共感しながら聴く

クライエントの準拠枠にそいながら、相手との違いも尊重しつつ、相手の立場に立って共感的に感じようとします。またクライエントの感情をそのまま受容しようとします。

③ 心をオープンにして聴く

自己開示のことをいっています。自分の価値観や人間観にとらわれず、ほどよく距離感を保ちながらも、心を開いて謙虚に聴くのです。

④ 気づき（自覚）をもって聴く

自分自身に無理がなく、自分の内面の感情や体験や身体感覚を感じながら、自分の体験過程を自覚しつつ聴いているのです。

では次に有効な表現についての5つのルールをあげます。メッセージは①直接的であるべきであり、②即時的であり、③明確であり、④率直（正直で誠意のある）であり、⑤支持的であるべきであること。これらのルールはアサーションの理論にまったくあてはまることです。カウンセリングではどうかと考えてみますと、もちろんカウンセラーが自分の感情や考えを適切にクライエントに伝えることは大切なことです。またクライエントの行動について、カウンセラーがどう感じているか、どう見ているかをフィードバックすることもあります。

しかし、カウンセラーが自分のうちに起こったものはすべてクライエントに伝えるかどうかは、議論の余地があります。タイミングや表現の仕方にも気をつける必要があるとだけいっておきます。表現の例についてはもう少し後で具体的に、述べていきましょう。

一つだけ、私が体験したことですが、たまたま出会ったアメリカのカウンセラーは日本のカウンセラーよりも、かなりアサーティブだということです。自分が疲れたり、退屈したりしたときはクライエントの前でそのことを認め表現します。ノン・アサーティブな日本人は責められているように感じるかもしれませんが、責めているのではなく、ともに分析していこうとするのです。二人の関係のなかで生じていることというきちんとした認識があり、それだけ関係を大切にしているのです。また、そこに対等な関係なのだという考え方があるからです。アサーティブなカウンセラーとは、クライエントとの関係のなかで自由で開かれている人であり、本当の相互性、対等であることを知っている人といえるのではないでしょうか。

## 感情の把握と表現について

カウンセリングにおいては、クライエントの気持ちや感情を聴きとろうとすることが大切ですが、またカウンセラー自身が自分の感情を注意深く感じることもまた大切です。感情は私たちの個性をささえ、個性を表現してくれます。アサーションでは、この感情をとくに大切にしていこうとしています。

しかし、私たちはこの感情について多くの思い込みをしています。カウンセラーはこの思い込みを認識している必要があります。ゲシュタルト療法の基本においても述べられていますが、肯定的であろうと、否定的な感情であろうとそれらを十分に体験することが強調されます。私たちは子どもから大人へと育っていくなかで肯定的な感情と否定的な感情を区別し、表現してよい感情といけない感情を区別してきています。一般に不満、失望、悲しみ、嫉妬、憤り、怒り、性的な淫らな感情などは表現しないようにしようとします。このような感情を抑えすぎると、無感動になったり、歪んだ形で表現したり、間接的に他者に投影してしまったりすることがあります。クライエントは自分の感情を溜め込んでいたり、逆に無理に排除しようとしていることがあります。カウンセラーはどの感情も大切であり、どの感情も表現してよいのだということを、クライエントとともに分かち合いを通して伝えていくとよいでしょう。といっても、クライエントは感情を言葉にしにくいことも多いはずです。「何かモヤモヤした感じ」とか、「頭が重いような」というように身体的不快感や自律神経症状の訴えと区別しにくい場合もあります。そんなときは焦らず、そのことをきっちり受けとめたほうがよいでしょう。

## クライエントの感情表現（怒り）に対応する

クライエントが感情を語りはじめたら、積極的に傾聴することはすでに述べましたので省略します。十分な感情表出ができるようにどんな感情も受けとめましょう。問題はクライエントの怒りがカウンセラーに向けられたときについて考えてみましょう。

怒りはその人自身の感情であるので、クライエントはただ怒りを表明しているのか、それともカウンセラーに非難あるいは攻撃を向けているのかを区別しましょう。ただ怒りを表現しているのであれば、それをきちんと受けとめましょう。怒りのきっかけをつくったとしても怒りはその人の感情なので、怒りをおさめる責任はカウンセラーにはないということを知っていると落ち着いて虚心に聴けるでしょう。むしろ、クライエントは怒り、あるいは非難によって何を伝えようとしているのかを理解しようとするのがよいでしょう。相手の怒りに巻き込まれて、自分も怒り出さないことです。怒りは伝染しやすいので対決することは避けましょう。むしろリラックスして、注意深く聴きましょう。カウンセラーはよく聴いて、そのポイントを理解したなら、クライエントがわかるように、その批判を言い換えてみましょう。もし、クライエントの批判がよくわからないなら、具体的に説明をしてくれるように求めるのがよいでしょう。その根拠を示してほしいと尋ねることになることもあります。その批判が妥当であれば、それを認めて謝ることもあるでしょう。たとえば「私の言い方があなたを傷つけたのですね。謝ります。ごめんなさい」と。アサーティブに率直に誤りを認めます。そのことによって、クライエントは、安心感と信頼感を強めることができます。もしかしたら、クライエントの過去の感情の転移性要素がからんでいるかもしれませんが、その点についての分析や指摘は関係を安定させてから行うのがよいでしょう。

カウンセラーは長く自己批判したり、合理的弁解をしないことです。なぜならクライエントは率直で、防衛的ではないカウンセラーを信頼します。もし、クライエントの非難や批判が真実でないなら、すぐに直接否定するのがアサーティブな表現です。もしクライエントの言い分に同意できないなら、次のように言いましょう。「あなたの解釈は間違っています」というのではなく、「私は私の言ったことが誤解されていると思います」と、主語は「あなたは」ではなく、「私は」を使う言い方がアサーションの原則です。もしクライエントが大声で早い口調で攻撃してきたら、カウンセラーは低い声でゆっくり話すほうがよいでしょう。またカウンセラーの感情をクライエントに伝えて「私はそのように誤解を受けて非難されるのはよい気分ではありません」としっかり気持ちを分かち合うことが必要な場合もあります。不安の強いクライエントはカウンセラーの本音を探ろうとわざと怒らせようとする場合もあるからです。

## カウンセラー自身の怒り

すでに述べたようにカウンセラーは自分の感情に耳を傾け、正直になることが必要です。時にカウンセラーも怒りを感じるはずです。怒りは、大きく分けて三つの程度に分けられます。小さいものは、賛成できない、好きではない、困った、嫌だなど個人の好みの当然の感情といってもいいようなものです。中くらいのものは、腹立たしい、煩わしい、いらだたしい、邪魔された、利用された、阻害されたなどの感情です。大きいものは、頭にくる、カッカする、キレる、怒り狂う、怒鳴る、殴りたいなど激しいものです。

大きい怒りにさせないためには、怒りは小さいうちに表現することです。カウンセラーが経験する怒りはむしろ、無力感や重荷に姿を変えているかもしれません。面接時間以外にやたらに電話をしてくるクライエントも時にはいるでしょう。遅刻常習で面接時間終了間際に重要な話を始めて時間延長を図る人、ささいなことで自傷行為や破壊行動に走る人、時には過大な期待を押しつけられる場合、などです。そのようなときは、やはりカウンセラーの正直な気持ちを穏やかに「毎日夜中に電話をもらうのはちょっと重荷なんです。できればどうしてもかける必要があるときだけにしてほしいんです」と言ったほうがよいでしょう。そのことでクライエントは瞬間「見捨てられ感情」に襲われるかもしれませんが、そのことについて、「見捨てることではない」と伝えたり、その感情について、面接場面で話し合うことが有効です。

そのときもカウンセラーは「私はいま……と感じています」という言い方が望ましいでしょう。相手を批判するのではなく、「自分はそういうことに負担を感じてしまう人間なんです」ということになります。また「私はあなたのその期待には応えられません」と正直にならざるをえません。逆にカウンセラー自身がクライエントを自分の期待通りに動かそうとしていないかと自問してみることも必要かもしれません。カウンセラー自身がクライエントをコントロールしたり、操作しないこともアサーションの自他尊重の精神と一致するものです。

## 行動化

カウンセリング過程でクライエントが行動化することは、まれではありません。クライエントは自分のモヤモヤを表現できずにいると、それを行動化してしまいます。

行動化（たとえば万引き、暴力、自傷行為など）に対しては、カウンセラーはアサーションによる率直なコミュニケーションが有効となります。行動化はクライエントにとっても、カウンセリング・プロセスにとっても必ずしも否定的にのみとらえられるものではありません。そのなかにクライエントにとってはそれなりの効用があるからこそ、繰り返し行われることもあります。ある女子高校生は、父親に叱られると、手首を切ってしまうということを繰り返しました。彼女は「モヤモヤするとき、そのモヤモヤに耐えられなくて、手首を切りたくなる。血を見るとほっとする。すっきりする」と語りました。彼女に対する父親の理不尽な叱責や小言に対しては、反抗もしないでその場は黙って耐えてきたのです。父親に対する自分の怒りにも気づかず、モヤモヤした気分に耐えきれず、自分を罰するかのように自傷行為を行うのでした。怒りを感じるのを許さないかのようでもあるし、両親に自分の苦しみを訴える絶望的な試みでもあります。また強い怒りを体験することの恐れや不安からの防衛のようでもあります。

カウンセラーはクライエントに対して、行動化のマイナス面だけを取り上げ、禁止したりしても、ほとんど意味をなしません。嗜癖的行為になってしまっているので、頭でわかっても強迫的になっているのでやめられないのです。むしろその行動のプラスの面について、クライエントと話し合うことが有効でしょう。そしてそのプラス面を受容できるように援助し、その表現の仕方を、適切な自己表現に変えていけるようなかかわりも必要になります。自傷行為をしたクライエントに対してバウアー夫妻（Bower, S.A. & Bower, G.H., 1976）が考案した「DESC」を使うことができます。ここで、「DESC」について簡単に述べておきましょう。課題解決場面や、うまく言えるか不安があるときなど、次のステップにしたがってセリフづくりをしておくことが、有効です。D（describe）は、相手の行動を客観的に述べることです。動機ではなく、その行為を述べます。E（express）は自分の感情を表現することです。その際、感情を爆発させるのではなく、穏やかに表現することです。S（specify）では、相手の行動変容を明確に頼みます。その時は具体的な行為で小さな変容を要求しましょう。C（choose）では、結果を明確にし、脅威を与えず、結果に対する報酬やペナルティについても話しておきます。バウアー夫妻は「DESC」が有効に使えるときをいろいろあげていますが、ここでは「自分の説明を明確にする、迷惑な習慣に対抗する、物質（アルコール、薬物など）の乱用に対処する」などに相当するでしょう。カウンセリングのなかで対決が必要なときは、DESCを使い、セリフづくりをしておき、必ず、クライエントを責めるのではなく、カウンセラー自身の気持ちや感情や考えを伝えることが大切です。次はその一例です。

D：昨夜、また手首を切ったとあなたから聞きました。

E：あなたの苦しい気持ちやひとりぼっちのさびしさに耐えかねる気持ちを感じると私も辛いなと感じます。でも体を傷つけることは、私は絶対反対です。私はその行為は嫌いです。

S：その辛い気持ちを自分だけで解消しようとしないで、もっと面接の場でぶつけてくれませんか。そして、自分を傷つけることはやめてほしい。

C：もし、一緒に考えていってくれるなら、私はどんな気持ちも受けとめます。

（もし、また繰り返すなら、入院を考えることもあります。）

あくまで一例なので、その状況や相手の状態や、関係によっても言い方は少しニュアンスは変わるでしょうが、クライエントの感情には共感するし、理解もするけれども、行動には賛成できないことをはっきり表現したほうがよいでしょう。

また暴力的なクライエントに対して、行動化の切迫に対し、カウンセラーは脅えたり、怒ったり、説教したりするのではなく、言葉でそれをアサーティブに伝えましょう。

たとえば、ＤＥＳＣを利用すると次のようにセリフづくりできます。

Ｄ：今みたいに、あなたが机をたたいたり、大声を出すと、

Ｅ：私はびっくりして脅えてしまいます。私が恐怖感をもってカウンセリングにのぞむことは少しもプラスにはならないと私は思います。どんな怒りの感情もちゃんと聴きたいし、話し合いたいと思っています。

Ｓ：どうか、もう少し普通に、あなたの気持ちや考えを聴かせてください。

Ｃ：もしそうしてくれれば、私もあなたの苦しみにもっともっと近づけるし、理解できると思います。

このように、アサーションは相互尊重の精神を中核にもっていますので、カウンセリング場面でも、ごく普通の日常会話においても、また、このように対決をしなければならないときで

も有効なコミュニケーションに使うことが可能です。行動化以外でも、クライエントの贈り物に対処するとき、クライエントがカウンセラーを理想化しすぎるとき、パワー・プレイ（ほしいものを手に入れるために威嚇したり、カウンセラーを操るために、泣いて見せたり、対決を避けるために問題をたくみに隠したりするなど）に対処するにも、アサーションを学ぶことによって、自他の境界に気づきやすくなるため、冷静に自分の立場や状況を説明したり、相手に操られる関係から容易に抜け出すことができます。

## 非言語的表現——ボディ・メッセージ、音声メッセージ、その他

アサーション理論には非言語的表現も重要な領域です。カウンセリングを行うには静かで安全な空間が必要です。また、適当な明るさ、気持ちのよい部屋、ゆったりと座れる椅子など準備することが望ましいです。面接室に置かれている備品などもクライエントの気持ちに影響を与えます。またクライエントとの距離や体の方向や視線なども考えてみる必要があります。アサーション行動は自分と相手を尊重することですから、クライエントの個人的空間を配慮し、不必要に相手の空間に侵入しないことも心にとめておいたほうがよいでしょう。悲しみにうちひしがれているクライエントを慰めようとして、カウンセラーがクライエントの肩に触れたとしても、身体接触に不慣れな日本人には、脅威として感じられたり、とくに男性から女性が受

けた場合は性的な意味合いを与えてしまうこともあります。男女関係の歴史を私たちも背負っているからです。

カウンセラーがクライエントとコミュニケーションをとろうとするとき、基本的姿勢とジェスチャーがあります。クライエントに対して、好意的態度、受け入れの意志、親しみを感じていることを示します。クライエントの緊張をほぐすような話しかけ、わざとらしくない笑顔、リラックスはしているがだらしなくはない姿勢、顔をサングラスや髪でさえぎらないことなどです。カウンセリングにかぎりませんが、ダブルメッセージに気をつける必要があります。笑顔で「いま、腹が立っています」と言ったり、冷たい声で「あなたを助けたい」と言うように、一つのメッセージに二つの内容が入ってしまっている場合、聞いている相手は混乱してしまうでしょう。その他、服装もその人を表すメッセージになります。これらさまざまな非言語的メッセージについてカウンセラーはもっと意識しておく必要があるでしょう。

（土沼雅子）

## 文献

Bower, S.A. & Bower, G.H. 1976 *Asserting Yourself.* Addison-Wesley.

# 2章

# 個人カウンセリングにおけるアサーションの意味

# *1*　カウンセリングとアサーション

## カウンセリングの目標とアサーションの目標の共通性

アサーション（アサーティブなあり方）のめざすものとカウンセリングのめざすものは、かなり共通しています。アサーションのほうが対人関係的なテーマを中心とする割合が高いですが、両方とも一層自分らしい生き方・自己実現をめざしています。

対人関係的なテーマとは、たとえば、自分自身が望んでいることを自分が望んでいるようにすることと、自分にとっての重要人物（日常周囲にいる人であれ、内的対象であれ）が自分に望んでいる（と思う）ことをする（相手の期待に応えようとする）こととの間の葛藤です。この葛藤は、人生のかなり早くからあると考えられ、不安の源泉の一つでもあります。また、他の人との関係のなかでの希望や願望をその相手に表現するところでも、葛藤が生じがちです。

それぞれの人は、各人の人生のなかで一番有効な形で、このような葛藤に対処する術を身につけてきているわけです。たとえ、他の人から見たらとても有効だとは思えないとしても、そしてまた、本人自身にとって苦しくつらいものであるとしても、身につけてきているその対処法にはなんらかのメリットがあるために採用されてきたはずです。その人にとって、お気に入りの、そして、他の人との関係でお決まりの、優勢な対処法（ほとんど自動的にしている行動の仕方）が、ノン・アサーティブであったり攻撃的であったりする場合があるのです。そして、自分の苦しさやうまくいかなさに目を向けて、変わりたいと思ったとき、この葛藤に焦点が当たってきます。自分自身が本当のところ何を望んでいるのかを徐々に明確化しながら、感じていることや考えていることを誰に対してどう表現してどう行動するかについて、自分自身でそれでよいのだと感じながら選択する、そんな過程が起こります。アサーションは、右に述べたような対人関係での困難やストレス・葛藤への現在の自分なりの答えなのです。

どうなりたいかの意識化は、一般にカウンセリング・心理療法で、来談のきっかけとなったり、あるいはカウンセリングの過程で徐々に明確になってくるものです。カウンセリングを通じて、人は自分自身をもっと理解するようになります。それは、いわゆる知的理解にとどまらず、日々刻々の経験のなかでの自分自身と、自分自身がどういう人間であるか（ありたいか）という自分自身の見方・考え・願望との、統合として実際に現れてきます。どうなること・どうであることを自分自身の心が望んでいるかに基づいて自己選択し、現在困っている問題に対して、もっと自分が望むように対処できるようになり、これでよいと一層感じられる生き方をできるようになることが、カウンセリングの目標であり、アサーションの目標でもあります。

## アサーションにおける気づきの特長とカウンセリング

アサーションの考え方・理論的枠組みを活用して気づきを得ることには、どのような特長・利点があるでしょうか。

### ①　命名することのもつ力

対人関係における自己表現と関係性のあり方（これは行動やコミュニケーションなどに現れる）を、アサーションの理論では、通常、「攻撃的」「ノン・アサーティブ（非主張的）」「アサーティブ」の3つのレベルに分けて考えています。さらに、ベイン（Bayne, R., 2000）は、「操作的（他の人の権利を巧妙に侵す）」を「攻撃的」から独立させてとくに強調して4つとしています。このようなとらえ方の枠組みを知識として知るだけでも、自分や他の人の自己表現や関係性のあり方を命名することになり、把握しやすくなります。たとえその場、その時点で把握するのが無理な場合でも、後で分析的に把握しやすくなります。カウンセリング場面では、重要な他者との間で「操作的」な関係性を体験している・してきたことへの気づきが、一番インパクトをもって取り上げられるように思われます。なお、アサーションの理論では一般的に「操作的」を「攻撃的」のなかに含めています。

## ② 自己選択としてのアサーション

これは、通常のカウンセリング（心理療法）でも当然の大原則ですが、アサーションではとくに強調します。そのため、アサーションとは、〝いわゆるアサーティブになる（とにかく自己主張する）〟ことだとイメージされがちです。しかし、アサーティブになることを普遍的理想であるかのように奨励するわけではありません。今までの自分のあり方に対して、もっと違ったあり方をしてはどうだろうか、今の自分にとってどちらがより望ましいだろうか、……と自分で考えることができる、つまり、自分にとっての選択肢が増えるということがまず重要です。広がった選択肢のうちから、自分の気持ちや状況や諸条件を考慮して選択します。場合によっては最善のものとして、ノン・アサーティブなあり方を選択するということもありえます。いずれにせよ、その選択の基盤には、自分がどのように感じ、自分自身どのようになりたいかということに気づく過程があるのです。

### ③　人間存在の独立性という前提

人はその人自身の考え・感じ方をもって生きているものであり、こちらが望むように感じたり行動したりしてくれることを当然のように期待はできません。人と人は本質的に異なる存在であり、それだからこそ、もしそれぞれがアサーティブに互いを伝え合って互いに尊重し合いながら生きていくことができたら、望ましいありがたいことではないかということなのです。本質的に人は異なる存在だというのは、アサーション理論か否かにかかわらず、社会的存在である人間の普遍的状況ですが、アサーションの考え方は、とくに明確にその前提の上に立っているように思われます。

つまり、他者の感情は、その人自身のもので、自分の望むままに変えることはできないし、そうすべきものでもないということです。この感覚からいえば、他者の抱く感情はその人自身に責任があるのであって、相手にも相手なりの事情や考え・選択があるのです。したがって、自分の望む通りに行動してくれないからといって、相手を「責める」ことはありません。もちろん逆に自分の望みを打ち消すこともないのです。さらに、相手の感情に対して自分が責任を感じる（そんな気持ちにさせてしまって申し訳ないなどと感じる）必要はないし、むしろ、相手の感情に対してそのすべての原因であるかのように自分が責任を感じるのは相手に対して失礼なわけです。また、ある種の感情（たとえば、満たされた感じや生きている喜びなどの肯定的感情）を、他の人が感じられるようにしてあげることに、自分の責任があるのではないので す。このように考えてくると、自分自身の責任は、自分の感情に対してであり、それに加えて、他者に対して公正にそして感受性をもって接するところにあるのです。各人がそれぞれの感情に責任をもっているという人間観だからこそ、相手に期待や要求を抱く自分を責めたり自己表現を抑えたりすることなく、自分の欲求はそれとして明確にし、それを独自の存在としての相手にどう表現するか・しないかを選択するわけです。

このように、自己についての気づきや再認識から、他の人も自分と同様の重みをもった内界と自己決定の権利をもっているという感覚が強まります。自分を大切にしながら相手のことも大切にした自己表現を、さらに追求したくなるかもしれません。アサーションの考え方やスキルは、自分を大切にし、同時に相手のことも大切にしながら生きようとする方向を明確に表明しているのです。

以上①②③で述べたアサーションでの気づきの特長は、カウンセリングの目標の実現を支えるものでもあります。

# 2　アサーションを取り入れたカウンセリング

## アサーションを取り入れたカウンセリングとは

アサーション・トレーニングを受講して、さらに個人的な領域でアサーションを探求したくなったり、アサーション関係の本を読んで関心をもったなど、クライエントからの希望に応じて、または、カウンセラーのすすめで、アサーションを取り入れた個人カウンセリングが行われます。これは、アサーションの考え方を意識して、必要に応じて活かすカウンセリングです。

また、グループで行っているアサーション・トレーニングでは（ロールプレイなどでは）、他のメンバーの反応が気になって自由に自分に目を向けにくいといった場合も、個人でのアサーションを取り入れたカウンセリングが有効でしょう。

アサーションを個人カウンセリングのなかにどのように取り入れるかは、カウンセラーの考え方や、クライエントの希望によってさまざまです。アサーションの理論と技法が、どのように心理療法に適用されているかについて、ベイン（Bayne, R., 2000）は次のように述べています。「アサーション・トレーニングは、一般に行動主義的（認知行動主義的）技法とみなされがちですが、人間学的とも言えます。それは、自己実現をめざしているからであり、また、アサーションの定義として、自分自身の権利に基づく表現・行動と同時に、他の人のもつ同じ権利を尊重するからです。アサーションに関する技術とセルフ・アウェアネスのどちらに（または両方に）焦点を当てるかは、カウンセラーによって異なります」。確かに、アサーション実現のための技術とセルフ・アウェアネスへの力点の配分は、クライエントの希望やカウンセラーの理論的立場や、カウンセリング過程のどのような局面に現在いるのかなど、さまざまな要因によって決まってくると考えられます。

「アサーションを取り入れたカウンセリング」といっても、大切にしていることは、基本的には通常のカウンセリングと変わりありません。ただ前述のように、アサーションに関連してくるトピックとしては、対人関係における困難やストレスへの対処などに関するものが多いと思われます。そして、基本的には変わりないとはいえ、アサーションを取り入れたカウンセリングだからこそ起こってくる過程をカウンセラーが理解しておくことが大切です。

## アサーションを取り入れたカウンセリングにおけるアサーションの3次元

カウンセリングでアサーションの実現が問題になるときには、カウンセラーは、アサーションに関して次の3つの次元を意識しておくとよいと思います。第一に、現在クライエントが日常生活で困難を感じている対人関係での、クライエント自身のアサーション。これには、現在と過去の重要人物との関係が含まれます。第二に、カウンセリング関係のなかでの、カウンセラーに対するクライエントのアサーション。第三に、カウンセリング関係のなかでの、クライエントに対するカウンセラーのアサーション。

### ① 現在困難を感じている対人関係でのクライエントのアサーション

来談したときにクライエントが取り組みたいと意識しているのは、通常この次元です。アサーションの相手は、実在の人物であれ、内的対象であれ、クライエントにとっての現在および過去の重要人物です。現在および過去の重要人物へのクライエント自身の感情や考え、また、自己表現などが、カウンセリングのなかで取り上げられます。そして、クライエントに対する相手のアサーション（相手のアサーションについてのクライエントの認知）がどうなっていて、それがクライエントにどのような心の過程を引き起こすかについてもわかってきます。

具体的には、カウンセリングのなかで、たとえば、日常場面での具体的なやりとりを思い返して詳しく検討したり、あるいは、実際にロールプレイ（カウンセラーを相手としてのロールプレイや、エンプティチェアなど）をしてみてもよいでしょう。これらを通じてクライエントにとって、現在の自分の姿、そして、自分がどう変化したいのか、あるいは、自分自身がどう変化しつつあるかがはっきりしてきます。また、どのようにしたらより適切に（自分が望むように）アサーションをすることができるかについての方略を手に入れることができます（DESCなど）。とくにロールプレイでは、リハーサルする・やってみることも役に立つでしょうし、また、そうしたければ、自分の非言語的なコミュニケーションに関してフィードバックを得ることもできます。

ロールプレイでは、どう伝えるかと同時に、何を伝えたいかがわかります。何を伝えるアサーションかという点から、バックら（Back, K. & Back, K., 1999）は、アサーションの6タイプをあげています。

それは、基本的アサーション（basic assertion）、共感的アサーション（empathetic assertion）、食い違いについてのアサーション（discrepancy assertion）、否定的感情についてのアサーション（negative feeling assertion）、結果についてのアサーション（consequence assertion：もし行動を変えなかったら将来どういうことが起こるかについて相手に伝えること)、応答的アサーション(responsive assertion：尋ねたり、聞かせてほしいと明確に伝えることによって、相手の欲求、願望、意見、感情などの立脚点を発見すること)、の6つです。これらのどれもが、自分の欲求、信念、意見、感情を明確にすることを大前提としています。これらにそって考えると、自分が本当は何を恐れ、心配し懸念しているのかが見えてくるかもしれません。共感し合いたいが親密になることへの恐れがある。食い違いや否定的感情を伝えたいが嫌われそうで怖い。自分自身としての方針と選択をする用意があると伝えたいが対立しそうで怖い。相手に関心をあからさまに示して接近するのが居心地が悪い。など……。自分の恐れに直面化することによって、不確かさのなかから深い内的対話が起こります。なぜなら、心配や懸念の裏側には、必ず、願望(たとえば、他者とどういう関係を結びたいと願っているか)が存在しているものだからです。ここでは怖いということを取り上げましたが、同様に怒りもたいへんに羅針盤となる感情です。隠れた怒りをサインとして利用することについては、役に立つ知見もあります(たとえば、Lerner,H. G., 1985；Rees, S. & Graham, R. S., 1991など)。

カウンセリングのなかで自己一致すると、自分にとって何が重要かがわかり自分の目標に焦点が当たります。すると、当面の目標よりも広い目標に役立つかという視点からどの行動が適切かがわかってきます。他の人が自分のために何かをしてくれるのを期待して待つ(期待通りにしてくれないことに腹を立てたり恨んだりする）のでなく、自分にとって適切な選択をしながら生きることができれば、自尊感情が強まっていくでしょう。そして、自分を見失ってわけがわからなくなった状態や他の人への非難などから、他の人への関心が湧いて深まる状態への変化もあります。このような過程の結果、よい循環を促進し維持しやすくなると考えられます。あわせて、自己効力期待・自己効力感を得ることができるのでしょう。さらに、事態をコントロールできないときに、その理由・要因を自分に求めて、自分の価値を疑ったりしないですむのです。このように、感じ、考え、判断・選択し、人とコミュニケートする主体としての自己を確かに感じ取ること、その感覚に基づく自己信頼・自己尊重が増すことが、ここでの基本的な目標です。

## ② カウンセラーに対するクライエントのアサーション

カウンセリングではその開始時から、クライエントが何を求めて来談したのか、何を問題にしているのかを、カウンセラーが知り、カウンセリングの目標について、クライエントとカウンセラーとの間で相互了解をつくっていく必要があります。まずはその過程で、クライエントのアサーションが必要です。その後のカウンセラーとのやりとりの過程でも、クライエントはカウンセラーに対してアサーションをして局面を切り拓《ひら》く機会が多々あります。

自分が何を欲しているかを気づきにくくしている大きな要因が，他の人からの影響です。他の人からの攻撃的な働きかけの影響は，どちらかといえば取り組みやすいものです。それに対して，一見ノン・アサーティブにみえる操作的働きかけを他の人から受けて罪悪感や自己憐憫などを感じると，人はノン・アサーティブになったり，いつものお決まりのやりとりの仕方に引き戻されたりしがちです。自分が日ごろ左右されているこのような「操作」に，カウンセラーに対する転移を通じて気づくこともできます。つまり，カウンセラーとのやりとりと，コミュニケーションの改善そのものが，クライエントにとってアサーションの実体験となるのです。

②は①と独立したものではありません。この重なり合った部分にこそ，重要人物に対するクライエントの願望，要求，意図などが現れ，重要なテーマとして理解する必要があります（参照：ルボルスキー〔Luborsky, L., 1984〕の中核葛藤テーマ）。

### ③　クライエントに対するカウンセラーのアサーション

クライエントを大切にすることが，カウンセラーを大切にしないことになるとしたら，この「アサーションを取り入れたカウンセリング」は自己矛盾をはらむことになるでしょう。カウンセリングの過程は，そのコミュニケーションのなかで，クライエントも，さらには，カウンセラーも尊重される過程でありたいものです。この点については，後で述べたいと思います。

では、以下に、アサーションを取り入れたカウンセリングでのクライエント－カウンセラー関係において、「クライエントもカウンセラーも大切に」ということと両者の対等性を、どのように実現していくかについて考えてみます。

## *3* アサーションを取り入れたカウンセリングでのクライエントの体験

### クライエントの心的過程

以下のような過程が起こりやすいので、カウンセラーはそれらに対処して、主体としてのクライエントを大切にしていく必要があります。

#### ① アサーションという概念の絶対視

アサーションを取り入れたカウンセリングには、アサーション・トレーニングと同様の起こりやすい・陥りやすい心的過程があります。

まず、「正しいアサーション」というものがあり、それを知っているのはカウンセラーなのだから、自分の間違いを指摘して、正しいアサーションの仕方を教えてくれるだろうと期待するということがありえます。カウンセラーを、トレーナーやファシリテーターやコーチとみなすというわけです。

第二に、正しいこと（アサーションするほうが人間の姿として望ましいという考え）が世の中で受け入れられるはずだ・受け入れられるべきだ、つまり、アサーションを実践すると必ず短期的に、よい対人関係が築かれるはずだという信念として受け取られます。これによって、困難への心構えや予期・分析が足りなくなる危険や、正しいことを認められない人へのいらだちや恨みなどが生じる可能性があります。互いにアサーティブであることによって最終的にはよい人間関係が築かれるとしても、その過程には困難がある場合が多いのです。アサーションの実現はゴールであると同時に、他の人との相互交渉・相互調整・相互理解の新たな出発点なのです。

第三に、人間にはアサーション権・基本的人権という所与の権利があるという感覚は、本人が自分自身の目標について追求していく上で不可欠の感覚です。しかし、それを金科玉条と受け取ると、第二の場合と同様の困難が生じます。まず手始めに、この権利についての知識を日ごろの自分の感覚や自動的な思考について検討を加えるための刺激として利用してみると役立つと思われます。

第四に、非合理的（非機能的）思い込みについて、歪んだ思考なのだから変えるべきだと受け取られがちです。でも、この非合理性が、実は「現実的」な認識かもしれません。たとえば、「もし私がアサーティブになれば、～は私のことを嫌うにちがいない」というのが、その相手に関しては現実（現実検討力の高い見方）かもしれません。また、これまではなんらかの有効な機能も果たしてきたものなのですから、それなりの尊重を払い、変えなければならないことというよりは、自己理解の出発点と考えるとよいでしょう。

### ② how-to 的技術学習への期待

アサーション・トレーニング経験を経て、アサーションを取り入れたカウンセリングに来談したクライエントの場合はとくに、how-to 的技術を期待している場合があります。そのため、技術を伝えるというよりも、セルフ・アウェアネスを得るためのカウンセリングではとくに、共同作業をしていくパートナーとして、ファシリテーターからカウンセラーへと、カウンセラーのイメージを変えることが必要になります。

③　アサーティブな生き方のモデル視

クライエントがカウンセラーを、アサーティブな生き方を実践しているモデルとみなすことがあります。このような場合、カウンセラーは、同一化の時期から、より自分らしいアサーションの仕方を自分でつかんでいく時期へという、プロセスの展望をしっかりもつ必要があります。

## クライエントが得るもの

以上述べてきた、アサーションを取り入れたカウンセリングでクライエントが体験できると考えられるものを、まとめてみます。アサーションを取り入れたカウンセリングでは、通常のカウンセリングで起きていることが起き、以下に述べることはアサーションを取り入れたカウンセリングのみに排他的に見られることではありませんが、アサーションという枠組みの観点から、カウンセリングでのクライエントの体験の特徴をまとめたいと思います。

①　自分の欲求や願望の意識化——自分にとって何が重要かがわかる。
②　他者からの影響（操作など）に気づくこと——自分にとって大切なことを追求できないでいる自分について理解する。
③　自他の境界の明確化、それぞれ独立した存在としての人間同士という意識——これが前

提となって、自己表現の道を探究できる。

④ 自分で問題に対処できる、未来をマネージすることができる、という感覚や信念

⑤ 自尊感情の深まり

⑥ 他者への関心の深まり

⑦ エンパワーメント

⑧ カウンセラーとの対等性――アサーションを取り入れたカウンセリングは、カウンセラーにとって、通常は工夫して築き上げなければならない対等性を、構造的に支えてくれるという、いわば楽な面があります。カウンセリングにどのようなことを期待できるかわかりやすくなること、クライエント自身がプロセスを進めて事態をコントロールしている感覚をもちやすいこと、したがって、あくまでも主体はクライエントなのだということが、無理なく揺らがずに共有されやすいように思います。

## 4　アサーションを取り入れたカウンセラー

アサーションを取り入れるカウンセラーは、次のようなことを意識してみてはどうでしょう。

### 啓蒙意識からの脱却

アサーションを取り入れるカウンセリングでのカウンセラーは、アサーションの考え方の有効性を知っているだけに、クライエントに役立つものとして、アサーションについて啓蒙したくなる誘惑を感じる可能性があります。もっとアサーティブであるためにはどうしたらよいかについて助言したくなったり、解決例を提示したくなったり、また、社会文化的要因の影響（たとえば、女性というジェンダーにかかわる要因の影響）を指摘してクライエントひとりの問題ではないと伝えたくなることもあります。アサーションをめぐる問題（とくに、自尊感情の低下、怒り、不安などの形で現れがちな問題）を、女性に対する性役割期待などのジェンダーの観点からみることも可能なため、啓蒙意識が起こりがちです。

アサーションという概念が比較的一般的で枠組みが単純化されているために、わかりやすい話なのだから指摘すれば取り入れられるはずだと感じてしまい、この単純な啓蒙意識が頭をもたげてくるように思われます。

カウンセラーが陥りがちな救世主コンプレックスと考え合わせてみることもできます。啓蒙意識を、カウンセラーのスタンスや逆転移への対処と関連して、カウンセラーの側で解決しておき（たとえば、アサーション・トレーニングではなく、アサーションを取り入れたカウンセリングであることの意味を理解しておき）、さらにその上で、両者がどのような場としてカウンセリングの場をつくっていくかを選び取っていくことです。

カウンセリングでセルフ・アウェアネスを重視するのならとくに、啓蒙活動からセラピーへという意識の転換が必要です。

## 共同作業としてのカウンセリング過程の構築

アサーションを取り入れたカウンセリングで、共同作業としてのカウンセリング過程を構築するには、次のようなことを意識するとよいと思われます。

まず、クライエントの権利を尊重し大切にしていることが伝わるように配慮します。これは、一般的には、インフォームド・コンセントの観点から考えられることでしょう。そして、共同作業をていねいにしながら目標を設定することによって、その後の過程のあり方をより望ましい方向へ規定していくことができます。

怒りを正当に取り上げるのも大切です。怒りは権利が侵害されている（尊重されない）ときに生じるものなので、怒りの経験の正当性をアプリオリに認めること（クライエントが怒りを感じているときに、その状況だったら感じなくてもよいのでは、とか、そのくらいのことだったら普通は感じないだろう、とか考えるということの対極）は、権利の尊重の手始めだからです。

## カウンセラーに対するクライエントのアサーションについてのメタの検討

カウンセリング場面でのクライエント－カウンセラー関係のダイナミックスや具体的コミュニケーションについて検討して、カウンセラーに対するクライエントのアサーションを取り扱うことができます。どこか他の場での話として、「その場でもっと自分として納得しながらいられるためにはどうしたらよいでしょう、考えてみましょう」と、取り上げるのでなく（取り上げるばかりでなく）、今ここでのクライエント－カウンセラー関係のなかで現に体験しているものについて、両者でその場で検討するのです。たとえば、他者の気持ちや思惑に対して反応して配慮しがちなクライエントの傾向・能力が、カウンセリング場面でクライエント自身の自己表現を阻害することがあります。このような力動を発見し、その発見がクライエントに承認され共有されたら、クライエントがカウンセラーに対してもっとアサーティブになれるよう援助します。その際、カウンセラーは、クライエントの自己表現の表現された言語内容ばかりでなく自己表現のあり方・様式に注意を向ける、とくに、クライエントの語り方（ヴォイス）に気を配ることが重要です。それについてのフィードバック（たとえば、自己不確実を表すようなあいまいな挿入句の多用、あるいは、言語内容は自己表現的なのに声の出方や視線が引きこもっている、などを伝えること）がクライエントにとって役に立つ場合が多いようです。

これは、前述のアサーションの3次元のうち、「現在および過去の重要人物・内的対象との関係におけるクライエントのアサーション」と「カウンセリング場面でのカウンセラーに対するクライエントのアサーション」とがクロスしたところにアプローチすることといえます。これは、精神分析的には転移の分析ということになるでしょう。しかし、アサーションを取り入れたカウンセリングでは、その場でのクライエントとカウンセラーとの間で「現実に」起こっている過程・相互作用として取り扱ったほうが、アサーションの実体験と感じられて、日常への汎用性が高いと考えられます。

クライエントのアサーション実体験が、現実にカウンセラーとの間で起きるのを促進するには、カウンセラーが逆転移に対して対処すること、操作されない存在として存在することが大切です。また、カウンセラーがクライエントから向けられるものに、圧倒されてしまわずに、肝心なところの重みをそのまま受け取りつつ、しかも、自分自身を保ったまま直面し続けて、クライエントのアサーションを受け取ることが重要です。

## カウンセラー自身も関係のなかで適切にアサーティブであること

カウンセラーは、クライエントにはアサーションを勧めるのに、自分自身はアサーティブでなくなりがちなこともあります。これは、アサーションを取り入れたカウンセリングにとって自己矛盾ではないでしょうか。

アサーションとは、自分の欲求をまず認知することから始まりますが、意外に、対人的援助職従事者は自分自身の欲求に鈍感な傾向もあります。相手に対する配慮を優先するからです。相手の側の切実さ、切迫性を理解すればする程、それに応えるという形で、相手を大切にしたくなることがあります。その結果、体の感覚まで含めた自分自身に気づくことがなおざりにされがちで（たとえば、自分の疲れに鈍感で）、自分のいらだちや体調不良を抑えてできるだけよい状態の自分として相手の前にいようと努力します。これは職業がら当然のことのようですが、程度によっては燃えつき症候群へと発展する危険があり、望ましいこととは思えません。

パーソン・センタード・アプローチの自己一致・ジェニュインネスの重要性はいうまでもないでしょう。

クライエントとの間でカウンセラー自身もアサーティブである関係を築くことには重要な意味があります。前述したように、カウンセリング場面自体がアサーションの（両者を大切にする道を探る）実体験だからです。カウンセラーのあり方が、相手も自分も大切にするあり方の一つのモデルともなるでしょう（モデルになることそのものを目標にするのではありませんが）。自己表現・自己主張を適切にできる理想像を想像されるかもしれませんが、ここで言いたいのは、身の丈にあった、カウンセリング過程のその時点・局面・プロセスにのっとった、ただし時として両者の関係や自分への挑戦もするような、自己表現です。

## カウンセリングが構造的にもつ力関係への認識と対処

通常のカウンセリングと同じく、クライエントはカウンセラーよりも傷つきやすく、力関係という視点からいえば劣勢にあるという見方ができます。また、心の問題に関して、多くの場合カウンセラーを知識の所有者、すなわち、力の所有者ととらえることができます（たとえば、正しいアサーションというものを知っているカウンセラーと、それを学ぶクライエントという図式）。そのため、対等性を重視する観点からは、この力がどのように働いているか見極め、それに対する対処をしなければなりません。

力関係をできるだけ解消するには、アサーション理論の利用者同士として、両者で「そういうとき、アサーション理論だったら、こういうふうに考えるのかもしれない。では今の場合はどうだろう」と、アサーション利用可能性について共同作業で値踏みするのもよいかもしれません。日常場面に即して検討でき、その限界も言語化しやすいので、場合によってはアサーションを取り入れることの有効性そのものを疑ってかかることもできるため、自分が主体である感覚を早くからクライエントがもちやすいという利点があります。

また、クライエントの問題へのカウンセラーの理解を、利用可能な情報として伝えることは意味があります。自分（カウンセラー）の理解（ある理論の上に立つ理解）を普遍的なものと感じていると、かえって、伝えるのはまだ早い（クライエントが自分で発見するのを妨げてしまう）とか、クライエントの主体性を脅かすのではないと考えて、伝えることを差し控えてしまいがちかもしれません。一般的な正しい選択というものがあるわけではないという前提を共有し、選択・判断の主体はクライエント自身であるということを、折にふれて言語でも伝え、互いの境界・責任を明確にすることによって、力関係の問題に、対処しやすくなっていくように思えます。

## アサーションを取り入れたカウンセリングの留意点

①　クライエントとカウンセラーが、いったんアサーションを取り入れようと決めたとしても、いつでもこの決定は変更できるということを強調すべきです。カウンセラーは通常、アサーションだけを理論的基盤としているということはありません。アサーションに固執せず、カウンセラーの提供できるものを最大限に活かすということを頭においておきたいものです。あるいは、他の心理療法のほうがよりよいと考えるようになる場合もあるでしょう。また、アサーションを活かす場合に、個人カウンセリングよりアサーションのグループでのセッションのほうが向いているということもあるかもしれません。いずれにせよ、カウンセリングのプロセスのなかで柔軟に動いていけるとよいのではないでしょうか。

柔軟性の実現のために、クライエントからのアサーションが役立つところに、それが促進されているこの種のカウンセリングの利点があると思われます。

②　割り切って how-to に走りすぎないように注意することも大切です。「とにかくやってみよう」といった、いわば能天気な態度も重要ですが。

③　アサーションの考え方は、前述したようにエンパワーメントの力のあるものです。どちらかといえば、はじめから肯定的な光の部分に焦点を当てています。そのことが力になると同

時に、ある種、先を急ぐというか、目標（アサーティブになること）に向かっていくことをよしとする前提をもっています。今いるところに留まって味わってみることや、留まらざるをえない心情などに、十分配慮したいものです。

④　当然のことではありますが、一度気づきがあったからといって、それで新たな選択ができ行動が変容するというわけではありません。繰り返し気づくことのなかで漸進的変化が定着してきます。この点は、ワーキング・スルー（working through：徹底操作）と同様です。

## 5　アサーションを取り入れたカウンセリングをめぐる問いと考察

アサーションを取り入れたカウンセリングに関するいくつかの問いについて、理論的背景も含めて考えてみます。なお、繰り返しになりますが、これらに関しても、カウンセラーの依って立つところによって異なってくるものです。

## 現在の問題の背景を深くは追求しないのか？

アサーションを取り入れたカウンセリングでは、自分の考え方・信念（たとえば、誰にでも好かれなければならないということ）が、日常の自分の行動や対人関係のもち方、および、そこでの感情にどのように影響を与えているのかという点に注目しています。驚きをもってその影響に気づくことを重視しています。そこから新たな動きが始まるからです。

しかし、なぜ（どのような生育史的背景などから）そうなったのかという点（いわゆる原因さがし）には焦点は当たっていません。もちろん、そういうことを考えたいというときに、カウンセラーが無理に押し止めるということはありませんが。

いわば、過去よりは現在と未来に重点をおいたカウンセリングといえるかもしれません。

## 認知行動アプローチによる個人セラピーとの異同は？

アサーションの理論的基盤は、認知行動アプローチ（とくにエリスの理論）におかれています。認知行動アプローチ――エリス（Ellis,A.）のＲＥＢＴ（Rational-Emotive Behavior Therapy, Rational-Emotive Therapy：論理情動療法）やベック（Beck, A.T.）の認知療法など（Dryden, W. & Rentoul, R., 1991）――でいう非理性的思考（irrational belief：非合理的思考ともいわれる）や非機能的思考などに気づくことが、まず必要であると考えています。エリスのＡＢＣ図式によれば、ある出来事の結果としてのある感情（Consequence）を生み出すのは、外界の出来事それ自体（Activating events）ではなく、その出来事をどう認知するかにかかわる信念（Belief）だからです。

では、認知行動アプローチの個人セラピーとの違い、あるいは同じ点はどのようなことなのでしょうか？

ＲＥＢＴでの個人セラピーの適用については、次のようにいわれています（Ellis, A. & Dryden, W., 1987）。「他の治療スタイルで起こりうる相互作用の複雑さによってひどく混乱しているクライエントや、取り乱すだろうと予測できるクライエントたちにとってとくに重要」で、また、「セラピストに過度に依存しがちなクライエントたちには不適当」であるとのことです。そして、「不適切な相互作用的なスタイルを行うことによってクライエントの問題を長びかせる危険を最小限度にとどめる」ということを大切にしています。これは、転移・逆転移にかかわる混乱した関係性や、自我の深いレベル（重い病態水準など）を引き出すかかわりのあり方よりも、もっと、日常のペルソナを比較的維持した相互作用のままでの取り組みと理解できます。この点は、ある程度、アサーションを取り入れたカウンセリングとの共通点と考えられます。

次に、認知行動療法との相違点はどうでしょうか。

エリス（Ellis, A. & Dryden, W., 1987）によれば、「人は非理性的な〝ねばならない〟的信念を積極的に変えることによって自らの選択を実践し、最大限の自由を得ることができる。これは認知的、感情的、行動的な方法を用いることによって——しばしば強制的に——達成されるものである」ということです。この第二文の「しばしば強制的に」という部分に、特徴があります。「早い段階でクライエントの〝ねばならない〟的信念に挑戦し、自滅的な信念を論破していくという点で非常に独特なものであるということを強調したい」と述べられています。この点に、両者の相違点が明確に現れていると思います。アサーションを取り入れたカウンセリングでは、たとえば、罪悪感などを、間違った・非合理的な感情、すなわち感じる必要のない感情であると位置づけるのではなく、それをむしろ認めるところから始めるのです。そのような自分が感じている恐れや不安などのもととなっている自分の信念・考え方に焦点を当て、さらに願望や欲求に気づくことによって、新しい選択に向かうのです。この意味では、枠組みとして認知行動療法を用いいつつ、より人間学的アプローチ、クライエント中心療法に近い面ももっていると考えられます。

もう一つの大きな違いは、認知行動アプローチでは、自分を大切にすることを重視してはいますが、相手も大切にするという視点はとくに強調されていないという点です。

## 今はできていない「理想的なアサーション」をしようと努力するのか？

「アサーションを取り入れた」カウンセリングというように、究極的な目標はいわば理想的なアサーションであることは確かです。しかし、現状から離れた理想のアサーションを追い求めるのではありません。

アサーション・トレーニングのロールプレイのなかで、自分がしたロールについて他のメンバーから肯定的フィードバックを受けるというワークがあります。たとえば、言語表現がノン・アサーティブな人に対して「……の話をするときになったら身を乗り出して話していたので、……という熱意がとても感じられた」など、具体的なフィードバックが行われます。そのように、自分では気づいていなかったけれどすでにしている行動があるとわかると、次の機会には意識してその行動をとって、自分の何かを表現するようになるかもしれません。自分の現状から遊離した正しい・理想的なものを追求する（つまり、現状が間違っていると考えるところから始まる）わけではなく、すでにしていることをさらにしてみるといった無理ない漸進的な取り組みのほうが、望むあり方を定着しやすいようです。これは、ソリューション・フォーカスト・アプローチの技法とも通じるところがあるといえるでしょう。

なお、アサーション理論の備えている一種の楽観性と人間の自己決定力への信頼感の雰囲気のなかで、こうでありたい姿・こうなれるという自己像をイメージすること自体に、その実現へと人を向かわせる大きな力があると感じられます。

## 自分が満足できるアサーションができさえすればよいのか？

個人が個人としてのみ、その本人にとって理想的と感じられるアサーションをすればいいのだというわけではありません。いわば、人と人とが交流しながら共に生きている世界を前提とし、自分を大切にし、他者も大切にすることの両立・統合をめざしています。

そのため、いわゆる自分の考え方・感じ方に焦点を当て深く掘り下げることが、自分自身への〝とらわれ〟に向かわず、他者を視野に入れ、よりよい世界をつくる方向へと拡がっていくという側面があります。もちろん、その世界観を押しつけるものではありませんが、アサーションが包含している視点と思われます。

## 「自分も相手も大切にした自己表現」が常に最も望ましいのか？

アサーションという観点をもって取り組むほど、それまではあいまいだった葛藤が、実は、自分と他者のどちらを大切にするかという葛藤として立ち現れてくることがよくあります。この葛藤は、独立・自律と、相互の結びつき・共同との間の葛藤ととらえられ、その統合を考える心理学の観点（たとえば、Gilligan, C.,1982などのケアの倫理）からは、社会的存在である人間がもつ本質的な葛藤であるといわれます。同時に、社会文化的背景からくる葛藤であるとも考えられます。論理的には、その両極それぞれ、両者をあわせもつこと、両者の統合という葛藤解決の姿が考えられています。

つまり、「自分も相手も大切にした自己表現」を直線的にめざすとは限らないのです。自分も相手も大切にしたいと思うようになる過程には、たとえば、人より自分を大切にするということをがんばって選び取ること（自己の生き残りを最優先すること）が、まず必要な局面もあるかもしれません。いずれにせよ、自分のそれまでを大切にしつつ、その上に変化を構築していくことができればよいと思います。

（無藤清子）

## 文　献

Back, K. & Back, K. 1999 *Assertiveness at Work : A Practical Guide to Handling Awkward Situations* (3rd Edition). McGraw-Hill Publishing Company.

Bayne, R. 2000 Assertiveness. In Feltham, C. & Horton, I. (eds. ) *Handbook of Counseling and Psychotherapy*. pp. 575-577. Sage Publication.

Dryden, W. & Rentoul, R. 1991 *Adult Clinical Problems: A Cognitive-behavioural Approach.* Routledge. 丹野義彦監訳　一九九六　認知臨床心理学入門――認知行動アプローチの実践的理解のために　東京大学出版会

Ellis, A. & Dryden, W. 1987 *The Practice of Rational-Emotive Therapy.* Springer. 稲松信雄ほか訳　一九九六　ＲＥＢＴ入門――理性感情行動療法への招待　実務教育出版

Gilligan, C. 1982 *In a Different Voice : Psychological Theory and Women's Development.* Harvard University Press. 岩男寿美子監訳　一九八六　もうひとつの声――男女の道徳観のちがいと女性のアイデンティティ　川島書店

Lerner, H. G. 1985 *The Dance of Anger.* Harper & Row Publishers 園田雅代訳　一九九三　怒りのダンス――人間関係のパターンを変えるには　誠信書房

Luborsky, L. 1984 *Principles of Psychoanalytic Psychotherapy : A manual for Supportive-Expressive Treatment.* Basic Books. 竹友安彦監訳　一九九〇　精神分析的精神療法の原則――支持表出法マニュアル　岩崎学術出版社

Rees, S. & Graham, R. S. 1991 *Assertion Training : How to Be Who You Really Are.* Routledge.

# 3章

# グループ体験としてのアサーション〈自己表現〉トレーニング

## 1　トレーニングとセラピーの違い

カウンセラーがアサーション関連の支援を行う場合、大きく二種類のうちのいずれかを選択することになると思われます。つまり、アサーション・セラピーかアサーション・トレーニングです。

アサーション・セラピーとは、どちらかというとアサーションが全般的に不得意な人、あるいは個人的にアサーションに関する相談をしたい人に対して行う個別指導や特別の支援です。つまり、全般的に自己表現ができない人や対人関係をほとんどもてない人には、その人特有の心理的問題の解決を含めたアサーションの援助をする必要がありえますので、問題の個別アセスメントとていねいなカウンセリングや指導をすることになります。また、アサーションを教育とか訓練という視点よりも、個人の心理的成長として、あるいは個人の特定の問題解決として、プライバシーを保護しながら習得したい場合、個人的にアプローチすることが適しています。アサーション・セラピーはどちらかというと一対一の援助の形をとることが多いと思われますが、グループ・セラピーも可能でしょう。いずれにしても、そこでは訓練（トレーニング）といったニュアンスは少なくなると思われます。

一方、アサーション・トレーニングは、教育・訓練を目的としたアプローチであり、日常生活を送る上でそれほど大きな問題にはならないが、特定の場面や特定の人に対して自己表現ができないとか、対人関係で困ることがあるといった場合に効果があります。たとえば、「しつこく誘われると、断れない」とか、「適切な批判ができない」「人をほめることが下手」といった一般に多くの人が困惑したり、うまくできなかったりすることに対してのアプローチです。そのような問題を解決したいと考えている人は、アサーション権を知ること、アサーションの方法を学ぶこと、そして、日ごろの思い込みや心構えを変えることなどで、アサーティブになる可能性があります。

つまり、人は、一般に苦手な場面や状況をもっていて、そこでは多くの人が似たような心理状態になり、また、共通の失敗をするものなのです。そして、そのような問題を改善するには、アサーションについて知識と方法を知るだけでなく、日ごろとっている自分の言動のふり返り、特定の場面や状況における人の心理の理解、そして有効な言動の習得が必要です。これらの要素を含んだアプローチがアサーション・トレーニングです。

このようなトレーニングを目的としたアプローチのことを「心理教育的アプローチ」と呼んだりしますが、そこでは参加者の心理面と教育・訓練面の両方に働きかけるプログラムが組まれることになります。そして、一般にこのような心理教育的アプローチでは、一対一で行うよりもグループ・アプローチがより効果的だといわれています。心理教育的アプローチでは、小グループにおけるコミュニケーションによるメンバー間の知識や経験の交換、相互理解による支え合い、問題解決への切磋琢磨などが起こります。つまり、グループでなければできない経験と学習をすることがねらいとなります。

アサーション〈自己表現〉トレーニングは、主としてグループ・アプローチで行われることが多いので、その意義と効果、そして実施上の留意点について、述べていきたいと思います。

## 2　トレーニングの形式と要素

アサーション〈自己表現〉トレーニングの典型的プログラムは、講義、演習、小グループによる体験学習によって構成されます。また、そのなかには小グループを活用したプログラムがふんだんに盛り込まれるのが普通です。

その理由は、第一に、参加者全員に共通する一般的なアサーションの問題と各参加者が個別に関心を寄せている問題の双方にアプローチできるようにするためです。第二には、アサーションという考え方そのもの、つまり「自他尊重の自己表現」という理念とプログラムの内容と進行を一致させるためです。

まず、最初に、学習の形式とその特徴について確認しておきましょう。

## 講義による学習

一般的なアサーションの問題に、一般的な対応の仕方や考え方を伝えようとする場合、大きなグループを対象にした講義や講義の場でできるちょっとした演習によって対応することができます。多くの人に一気にアサーションの意味や意義を伝えたいとき、聴衆が「講義を聴く」だけの学習を望んでいるとき、講義だけである程度の効果を期待するときなどは、適している方法です。

また、講義形式の方法は、新しいアイデアや講師の独自の考え方を紹介することに適していますので、アサーションを知らない人に紹介するときは講義が有用でしょう。そのほか、いくつかの小グループによる活動や話し合い、作業などをした後で、主催者側が全体に向かって確認やまとめを伝えたい場合、小講義を入れると全体が引き締まります。

## 小グループ活動を加えた学習

先に心理教育的アプローチには小グループを活用したプログラムが盛り込まれると述べましたが、講義や講義の場で行う簡単な演習などに小グループ活動を加えると、一方通行の研修を双方通行の研修に変えることができます。たとえば、参加者があるテーマについて話し合っているとき、トレーナーは参加者の発言を聞いたり、動きを観察したりできますので、一人ひとりの関心事や特徴を把握して、より参加者の欲求にそった対応ができるでしょう。また、そこでは一般的な問題のみならず、各人の関心や問題を考え、話し合うチャンスが増えます。参加者たちの相互交流、相互支援、切磋琢磨などが活性化し、スタッフからだけでなく参加者同士から学び合うチャンスが得られるでしょう。

小グループ活動を加えるプログラムは、メンバー参加型のプログラムであり、経験の有無にかかわらず誰もが参加でき、参加できた満足感が得られるという利点があります。

現在、私が企画・実施している「アサーション〈自己表現〉トレーニング（理論編）」では、一人のトレーナーが把握できる最適の人数を一八人から二四人と考え、それ以上になる場合は、スタッフを増やします。小グループをつくるときは、四～六人ぐらいを目安に、プログラムの内容によって三～五グループに分けます。一グループの人数は、誰もが発言しやすく、また異なった考えや意見から学ぶことができ、そのときの小グループ活動の効果が最大に発揮されることを目安にして決めます。人数が多すぎると全員の発言が出にくく、また、話し合いの時間を長くとる必要があります。しかし、少なすぎると異なった感じ方や考え方などから新たな刺激や学びを得るチャンスが減り、雑談や沈黙に陥る可能性が高くなります。

また、作業の形式にも変化が必要です。いつも話し合いだけでなく、その他の活動や作業をうまく組み合わせて、参加者が惰性に陥らないよう留意します。

常に、テーマや内容に応じた形式、方法、作業の量、人数を工夫することが大切です。

一人のトレーナーがアサーション・トレーニングを行う場合は、小グループ活動は以下のようなときに活用できます。アサーション・非主張的・攻撃的の区別をねらった話し合い、アサーション権を確認し、各自の人権意識を高めるグループ活動、人の考え方や認知の違いを知り、人間の理解の限界やコミュニケーションの重要性を認識するためのグループ討議、思い込みによるアサーションへの影響を少なくするための議論、日常会話のつまずきを克服するアイデアの出し合いなどです。

## 小グループ中心の学習

参加者各自がアサーションをある程度身につけることができるような研修を実施しようとする場合は、集中的なプログラムを計画し、日常の困難な場面をロールプレイなどによってシミュレーション学習することが効果的です。ただし、シミュレーション学習では、それができるだけの参加者数、スタッフ、時間割、グループ編成などに留意する必要があるでしょう。

インテンシブなシミュレーション学習では、参加者全員が何らかの形で自分のアサーションを確かめ、新たな言動を練習できるように、一定のメンバーによる小グループ中心のロールプレイの実習が適しています。また、スタッフはロールプレイの研修方法にも通暁していることが求められます。

先の小グループ活動を加えるプログラムでは、人数もメンバーもセッションごとに変わってよく、二〇人前後の参加者全員がなんらかの形で接触をするチャンスを得、知り合うことがめざされます。参加者の人間関係は、それほど深くなることがないのが普通です。

しかし、小グループ中心の学習では、メンバーを固定することによって、そのメンバー同士のより深い交流と相互理解、それに基づいた相互支援を獲得するようにします。つまり、グループにはそれなりの発達過程があるので、そのプロセスを活用しながら訓練を深めるわけです。

詳しくは集団力学や集団心理療法など、グループの発達過程について書かれた著書に譲りますが、グループメンバーが知り合い、理解を深め、相互信頼を獲得し、自己開示が進み、その人に適した相互支援が形成されるためには、相応の時間と段階が必要だということです。

「アサーション〈自己表現〉トレーニング（実習編）」では、一グループ六～七人で、全員がアサーションを練習する人になったり、その相手になったりして、各自の納得いくアサーションを体得できるようにします。練習のとき、オブザーバーになった仲間は、練習している人に役立つフィードバックをし、その人を支持して、行動変容ができやすいような雰囲気づくりに努めます。トレーナーと仲間の支持が、いかに行動変容に役立つかを体験するいいチャンスでもあり、この相互支援の経験は、参加者全員にとって貴重な一生の宝となるでしょう。

もちろん、参加者の人数や使える時間によって、進め方の形式、実施するプログラムの内容やトレーナーの人数などを考慮し、演習や実習に変化を加える必要がでてきます。また、右にあげた小グループ活動は、一つの目安であり、異なった方法が工夫されてよいでしょう。

次に、アサーション・トレーニングに小グループ活動を組み入れる場合の方法と進め方を取り上げて、グループ体験としてのアサーション・トレーニングの効果・意味を確認していきたいと思います。

## 3　グループ体験を取り入れたアサーション・トレーニングの方法

### テーマ・参加目的を確認すること

小グループ活動を中心とした研修やワークショップでは、前もって特定のテーマや課題が明示され、それに関心のある人が集まるように準備します。これは「看板に偽りなし」を約束し、主催者の意図と参加者の目標との目には見えないけれども、暗々裏の契約として、非常に重要な意味をもっています。

たとえば、公開の「アサーション〈自己表現〉トレーニング」を行うときは、次の例のような趣旨と募集人数（二四名前後）を明示し、参加者を募ります。

「あなたは必要なとき、自分の意見をはっきり言えますか。頼まれごとをされたとき、自分の気持ちを偽らずに〝イエス〟や〝ノー〟が言えますか。また、感情的にならずに話し合えますか。私たちは、相手を傷つけることを恐れて〝ノー〟を言えずに断りたいことを引き受けてしまったり、不本意に自分を押し殺したりして後悔しがちです。また反対に、必要以上に自分の意見を押しつけて後味の悪い思いをすることもあります。

このようなギクシャクした人間関係ではなく、相手も自分も大切にする人間関係をつくる自己表現とはどんなものか。このトレーニングは、そんな試みをしたい人々のためのものです。アサーションの理論と実習を通して、より効果的な自己表現を身につけたい人、ぜひご参加ください」。

右の案内文は、トレーニングの全体的なねらい、内容、方法を簡単に述べて、多くの人が共通にもっている自己表現の問題について、その解決策や方法を探るトレーニングであることを示しています。それによって、参加者は自分の参加動機や目的と照らし合わせ、研修目的に合意して参加を決めることができます。つまり、参加者はある程度共通に、「アサーションについて学ぼう」「ギクシャクした人間関係を改善しよう」といった心構えでこのトレーニングに参加すると考えることができるわけです。

もし、トレーニングが公開でない場合、つまり、組織内の研修や訓練として組まれる場合でも、参加前の合意については注意を払う必要があります。アサーションは自他尊重の精神に裏づけられたトレーニングですので、はじめから「言っていることとやっていることの一致」をめざしたいものです。つまり、できるかぎり参加者の動機や気持ちを尊重して、研修の目的や意図のなかに「アサーションという自他尊重の自己表現トレーニング」があることを知らせておくことが奨励されます。とくに人間関係にかかわる研修を実施する場合、参加者はその研修の大まかな意図と内容を知って、参加を納得して決めること、研修の結果についても、その人の意思で変容が起こることを重視したいものです。時に、組織の規定のものとして強制的に研修を指示することがありますが、それは特定の技術や方法の取得にかかわるものにかぎったほうがより効果的だと思われます。

## トレーニングの目的と方法を共有すること

程度の差や問題の違いはあれ、アサーションを学ぶという共通の目的をもって参加者が集まるということは、トレーニングの開始の時点で、参加者たちは何らかの問題解決や改善目標をもっていると仮定することができます。これは、トレーニングを実施する側にとっても、参加者同士にとっても、前もって共有できている重要な要素です。一般に、アサーションに関しては誰もが何らかの問題を感じているものですが、参加者は、前もってそれにある程度気づいていて、アサーションでそれを解決できることを期待していると考えられます。その期待と目的が大雑把ながらすでに共有されているところから、トレーニングは開始できるわけです。

もし、このような前提が考えられない場合は、参加者の動機とトレーナーの目的を共有するための時間とプログラムを別に設定する必要があるでしょう。

さて、この前提がそろっていたら、トレーナーは、この共有された気持ちをオープンにし、参加者の参加動機を受けとめ、意欲を高める方向で活用することが大切です。つまり、トレーニングの初期の段階で、まず参加者の参加動機や期待を分かち合う時間をもち、トレーニングがそれらの期待に応えられることを確認する必要があります。それは、自己紹介に参加動機やトレーニングに対する期待を含めて述べることでも実現できるでしょう。

おそらく多くの参加者は、すぐにアサーションについて知りたいと望んでおり、自分の問題について考えたり、他者と分かち合ったりすることも期待しています。とくに他の参加者がアサーションにかかわる問題についてどんなことを体験し、考えているかに対する関心は高いものです。トレーナーはその気持ちを受けとめ、共有して、期待にそったトレーニングを展開することが大切です。換言すれば、機会さえあれば、参加者は日ごろのアサーションにまつわる苦労話や体験談を開示する用意があり、他の人の体験に耳を傾け、解決策を探る意欲をもっていると考えることです。そして、トレーナーは、その期待や目的を裏切らないようにプログラムを進めることが肝心です。

ただし、参加者が不安に感じていることは、共有できていないトレーニングの進め方についてです。トレーニングの枠組み、たとえば、講義が中心か、実習が含まれるか、手順はどうなっているかなどについては、全体としても、セッションごとでも、逐次説明していくことが必要でしょう。先に示した案内文を読んだ人は、実習を含むことが明示されていましたから、それを期待し、また覚悟しているでしょう。そして、実習を含む体験学習のプログラムでは、体験学習の手順を踏んで、参加者に無理のないトレーニング体験を提供するよう心がけたいものです。

体験学習を含んだトレーニングでは、トレーニングの段階と参加者のそのとき、そのときの成長に応じて、プログラムが構成されることが理想です。このアプローチの要は、常に参加者の期待や不安を受けとめながら、メンバーが自然に、徐々に参加の目的を達成できるようにプログラムを構成することです。さらに、トレーナーは、トレーニング全体を通じて、安全に、自由に自己探索ができ、相互の支え合いが生み出されるような受容的な雰囲気づくりを心がけたいものです。

## 体験学習の循環過程をつくること

### ① 体験を分かち合う

小グループ活動を含むトレーニングに必要で、欠かすことのできない要素は、参加者が相互に体験を分かち合う機会をもつことです。

小グループ活動を受け入れることができる参加者は、アサーションに関する苦手な状況や日ごろの苦労、失敗などをわかってもらい、また他者の経験についても聞きたいと思っています。時に、自分のことは隠しておいて、密かに改善法だけをもらって帰ろうとする人がいないこともありませんが、それでも多くの人にとって、日ごろの体験を分かち合う時間は、心が和み、思わぬ発見もある貴重なものです。

アサーション・トレーニングのなかで、「自分だけが失敗をしているわけではないのだ」とか、「誰もが苦手なこと、困ることはあるものだ」といったことがわかると、ほっとし、肩の力が抜けて、問題に取り組む勇気が出てくることが多いようです。

それは、アサーションに関するかぎり、誰もが完璧にできることはなく、苦い思いや心残りの体験があることを示しています。また、そのような共通基盤に立つことで、お互いが協力し合い、助け合って、問題解決に取り組もうとすることができ、グループの力が発揮されるのです。

有効な分かち合いを行うには、トレーニングの段階に応じてその目的や内容を細かく検討することが必要です。たとえば、トレーニングの初期の段階では、いきなり自分がどの程度アサーションをできるかといった話し合いをするよりも、参加動機や自己紹介を兼ねながら、より一般的で、誰もが話せる話題について発表するといった時間が必要でしょう。ある事例を中心にアサーション、非主張的、攻撃的の区別をしてみる話し合いをするとか、誰もが体験するような事例、たとえば攻撃的な押し売りへの対応、などについて苦労話をするといったことから入っていくのも一案です。

仲間同士がある程度知り合った段階に入ったら、徐々に自分のことを話し、他者のことに耳を傾けるようなプログラムにしていきます。たとえば、「誰でも自分の行動を決めてよい」という権利があることはわかっていても、それができないことはよくあります。その人権はどんなとき使うことが難しいか、それを使ったときどんな困難に出会うかといった話し合いをすると、みんなに共通する思いやそれぞれの人の異なった体験を分かち合うことができます。そんな時間をもったあとは、グループにおける各人の自己開示の不安や脅威が減少します。アサーション権について理解を深める話し合いは、無意識にとっている行動の背後にある人権の認識を促進するのに役立ちます。また、人権についての認識が深まることによって、自分のことを話してもいいのだという思いが強まります。

「認知上のアサーション」あるいは「アサーションとものの見方・考え方」を検討するところでは、日ごろの人間関係にまつわる自分の考え方について、自己開示がさらに進むセッションです。ここでとくにトレーナーが注意すべきことは、どのようなものの見方も考え方も間違いではないということです。同じ文章でも、読み方や受け取り方が違うことがあり、さらにその内容についてどう考えるかは多様にありえます。それらがお互いに違っていても、誰かが正しくて、他の人が間違っているということはないのです。

ただ、非合理的な思い込みをもっている人は、どちらかというと現実的というよりも理想に近い考え方をし、やや柔軟性に欠けた堅苦しい見方をする傾向があり、自分を苦しめたり損をしたりする可能性があります。しかし、それが自分の生き方として納得できていれば、それを変える必要はありません。逆にその見方や考え方をより現実的なものへ変えるほうがより自分らしく生きられそうだと思えば、変えたほうがいいかもしれません。そんな認知の交換ができ、相互の生き方を知ることも小グループならではの得がたい利点です。自分も他者も違っていていいということを受け容《い》れる態度が身につくと、さらにアサーションをしやすくもなります。

また、ある人にとって苦手な場面について、それを得意としている人や克服した人に体験を語ってもらったり、みんなが苦手なことについて知恵を出し合ったりすると、思わぬ学習が起こります。この体験は、素直に質問したり、自分のできることを他者に伝えたりする（自慢話や自分を売り込む）アサーションに役立ち、違いを受け入れながら相互に助け合うことの重要性にも気づくきっかけになります。

### ② ふり返りの時間をもつ

体験の分かち合いは、また、トレーニングの途中でも有効であり、必要です。トレーニングのなかで行われる体験の分かち合いは「ふり返り」とか「フィードバック」と呼ばれますが、小グループでの話し合いやアサーションの演習などをしたときは、必ず各セッションの終わりに、そこでの体験をふり返る時間をもつことが大切です。

それは、とりもなおさず新たな体験の分かち合いですが、体験の直後のふり返りでは、記憶に残っている具体的で細かな気持ちや言動を思い返すことができます。そして、直前の体験の最中に働いていた、しかし言語化されてない観察眼から自分の言動、他者の動きを見直すことになります。それを同じ場面にいた人たちと分かち合うと、自分の気づきや疑問、学びを確認し、他者の経験や学びを知る機会を得ることができます。それは自分の行動の観察眼を養うことに役立ち、お互いにとってさらなる啓発の刺激とそれぞれの人の個性や人となりを深く知るチャンスにもなります。

小グループ活動では、このようなふり返りやフィードバックを、体験学習や話し合いには不可欠な要素として取り入れることが奨励されています。フィードバックは、なるべく体験の直後に、具体的な言動について、改善の役に立つように述べることが大切です。とくに他者に対するフィードバックは、タイミング、質、量を考慮して、自分の言いたいことを言うのではなく、相手のためになることを伝えるようにします。

体験学習では、ふり返りの時間を十分にとらないと、不満や未消化なものが各自の心のなかに残ったり、体験に対する後悔が生じたりして、せっかくの体験が台なしになることもあります。逆に、体験をふり返り、気づきや学びを披露することで、不満や未消化なものがオープンになり、参加者がそれを知って、フォローしたり支えたりすることができます。ふり返りをしっかりすることとは、欲求不満も失敗もすべてが学びの材料であり、成長のチャンスになることを知ることにもなります。

フィードバックやふり返りは、体験をやりっ放しにしないでより確実なものにし、学習を次の学びにつなぎ、積み重ねるための大切な要素でもあるのです。

### ③　体験を一般化しておく

体験学習を確かなものにするには、さらに、ふり返りを次の学習の促進剤として活用できるようにしておくことです。ふり返りでわかったことは、自分の体験から生まれた具体的で、誰のものにも変えられない貴重な素材です。それを有効な次の自分の言動につなぐためには、あと一工夫する必要があります。つまり、これまでの体験をふり返った後は、未来を向いて、その学習を今後の言動にどう生かすか考えておくことです。

たとえば、3つのタイプの自己表現のなかで、子どもに対して攻撃的であり、そのときの自分の気持ち、言い方、そして子どもの言動などをふり返ったとします。子どもが同意しなかったり反抗したりしたとき、やりとりに一定の法則やパターンがあることが明らかになりました。明らかになった子どもとのやりとりでの特徴をよりアサーティブな言動に変えるには、どうすればよいか、どこを変えると有効かを考えることが、体験の一般化の第一歩です。「次に同じような状況に出会ったら、すぐ反応するのをやめてみよう」とか、「子どもとのやりとりに、人権を考えていこう」といった今後、応用可能な心構えや言動を確認しておくことも有効でしょう。さらに、それが特定の人（子ども）に対する自分の言動の癖や特徴を示しているだけでなく、他の人（たとえば部下）でも類似の言い方や態度に対して共通の攻撃的な言い方をしているかどうかを考えてみることも一般化です。

たとえば、これまでの対応をメモにしたり、参加者に伝えたりした後で、今後はどんなふうに言うかを書き残し、また、表明することも一般化への手がかりになるでしょう。

つまり、一つの体験から、他の状況や対象への言動や心理状態へ一般化できるか検討し、応用問題に対するアサーションの準備をすることです。ふり返りのなかでも、今後の改良点、方針などを述べる人は多いものですが、逆に、反省だけして未来を見ない人もいます。体験学習とは、一つの例を体験することから、より広い自分の言動の今後の指針を編み出すことへとつなぐ学習と考えることが要といえるでしょう。

## ④ 新たな体験につなぐ

そして、ふり返ったり、一般化したりした自分の言動を、できれば研修の最中に新たに試みる体験ができると一層体験学習の効果があがります。いいふり返りと一般化ができていれば、人はそれを新たな試みにつなぐものですが、それをするように奨励することも研修のポイントです。

たとえば、通いの研修では、宿題を出して、試みた言動を次の回で報告し、「体験を分かち合う・ふり返る・一般化する」の循環をつくると、成功した言動は強化され、失敗は新たな学習の視点を得るチャンスになるでしょう。宿泊の研修では、研修中に試みることができることを、セッション外でやってみてもいいでしょう。

私が最初にアサーションに関心をもったのは、アメリカで二週間のカウンセリングの宿泊研修を受けていたときでしたが、昼食時に、三人の女性が私のそばの空いている席に座ってもいいかと聞き、一緒に昼食をしながら話をしたことからでした。食後にわかったことですが、三人はアサーション・トレーニングを受けていて（私は別のテーマのグループにいた）、席を立つとき、「どうもありがとう、これでアサーションの練習ができました」と言い、その前のセッションで、「会話に加わる・会話を続ける・会話を終える」というアサーションを習い、それを試みるように勧められたということだったのです。私には楽しい会話でしたが、彼女たちは、おそらくアサーションについて一般化したことをいろいろ試みた時間でもあったのでしょう。

学校の先生が子どもたちのアサーション・トレーニングをした後は、継続的に子どもたちの様子を観察することができますし、アサーティブな言動に対して支持のフィードバックを与えたり、失敗したときは共通の学習を基にしてその場で短いふり返りをしたりするチャンスもあります。学校は学習の転移を促進するチャンスも多く、大いに活用したいものです。また、職場ぐるみのアサーション・トレーニングの後も同じような相互啓発が起こる可能性があるでしょう。

そして、新たな試みは体験を分かち合う材料であり、「体験する・ふり返る・一般化する・新たな試みをする（体験する）」という学習の循環過程ができあがることにもなります。

この循環が日常化すると、体験はいつも成長の素材になることでしょう。

## 4　グループ体験学習の意義と留意点

以上、グループ体験を含んだアサーション・トレーニングの大まかな方法と進め方を紹介しました。すでに何度も述べているように、グループ体験を有効な学習につなぐためには、小集団活動の特徴と運営方法を十分わきまえてプログラムを進める必要があります。ここでは小グループの意味をあらためて考え、グループを活用する上での留意点を確認しておきたいと思います。

### 体験学習グループの特徴と意味

#### ①　学習・訓練を目的としていること

グループは、単なる人間の集合ではありません。グループとは、メンバー間に、一定の目標や規範が共有され、ある程度の役割関係と相互作用、コミュニケーションが成立している人の集まりであり、ばらばらの人の集まりではないのです。また、グループのなかでは、相互作用を通して常に個人の心理力動が働いていています。同時に、グループ自体も絶えず変化し、発達していて、それを集団力動（グループ・ダイナミックス）と呼びます。さらに、継続したグループでは、集団力動が集団全体としての特徴や文化を生み出し、他の集団との違いをつくります。異なった集団間では、さらに集団間力動も生まれます。

グループは、大きく二種類に分けて考えることができます。一つは、日常生活と密接な関係があるグループで、家族、友だち仲間、地域社会、学校、会社など、比較的メンバーの継続性・歴史性があるものです。このグループの特徴は、メンバーによってつくりあげられ、習慣化され、日常化された共有の規範や文化があり、ある程度無意識に、それにそって生活していることです。

もう一つは、一定の目的を達成するために一時的に結成されるグループで、典型的なものは研修や奉仕活動など、期間もメンバーシップも限定され、目的が達成されると解散するようなものです。このようなグループの特徴は、どちらかというと非日常性が強調され、目的に応じてグループの規範や文化が変化することです。

いずれのグループにも、グループの結成、成熟、終焉にまつわる力動と機能、サイクルがあります。これまで述べてきたアサーション・トレーニングと体験学習のグループは、学習・訓練のために結成された、後者の特徴をもったグループであり、右に述べたような集団の力動、プロセス、機能を活用して、個人の成長、教育、治療、訓練などに応用しようとするものです。

とすると、アサーション・トレーニングに小グループ活動を取り入れるとき、トレーナーは、個人力動、集団力動、集団間力動を理解し、活用することが大切です。とくに、単なる仲良しグループでもなく、また家族や学校のように長期間継続するグループでもない学習や訓練を目的としたグループでは、学習・訓練のためのグループの特徴を活かした運営が必要になります。

### ② 目的と期間が限定されていること

学習・訓練を目的としたグループの第二の特徴は、グループが一時的に結成され、それなりの力動を形成し、成長し、目的が達成されるとグループが解散することです。つまり、グループは一定期間結成されるものであり、その期間内にプログラムの目的が達成されるように運営され、内容としても起承転結があり、グループとしても出会いから別れまでのプロセスがあります。つまり、学習・訓練のグループとは、日常のさまざまな経験を立ち止まってふり返り、考え、吟味するための日常生活から少し離れた非日常の場であり、その結果、メンバーは新たな試みや学びのチャンスを得ます。同時に学習を通して仲間関係ができますが、それらも含めて、日常に帰っていくことが求められます。

時に、そのグループが続くこともありますが、その場合は、新たな目的のもとで再出発するとか、同じ目的でも積み残した課題を継続して追求するとか、さらなる発展のために時間を延長するといったものになるでしょう。たとえば、あるアサーション・トレーニングを終えたグループが、そのままアサーションの日常生活での定着、さらなる適用をめざして活動を続けることはありえます。その場合、新たな目的・方法で、時にはメンバーが減って開始されることになるでしょう。

### ③　グループ・プロセスを活用すること

第三の特徴は、学習・訓練を目的とした小集団活動では、グループ・プロセスを生かしたプログラム運営が必然になることです。

グループ・プロセスとは、「グループ内に起こっていること」であり、「関係的過程」ともいわれるように、メンバー間の発言や話された内容だけでなく、非言語的な動き、姿勢、満足度、かかわり、グループの雰囲気などをいいます。グループ・プロセスには、「今・ここで起こっていること」と、時間の経過にしたがって、グループの結成から終結に至るまでの「発達のプロセス」を意味するものとがあります。リーダーは、この二つのプロセスの両方を見定め、それぞれに応じた学習計画、介入を行うことが必要です。

グループのなかで起こっている「今・ここのプロセス」には、二つの側面があります。一つはコンテント（content）と呼ばれる側面で、グループで話されている内容・話題・テーマ・課題などです。この側面は、グループ・メンバーにとって一つの成果や決定として見えやすく、言語化されやすいので、多くの人が気づいている側面です。

もう一つは、狭義の意味でのプロセス、メタ・コミュニケーション、あるいは流れと呼ばれる側面で、グループ内では非言語的な形で示されることの多い部分です。それは個人の言語化されない視覚的・聴覚的な表現で示される場合もあれば、グループ全体の動きでわかる場合もあります。このプロセスは、グループ・メンバーの参加度、コミュニケーション、雰囲気などで表現されます。

参加度は、「誰が誰に話したか」「話した回数」「話した時間」「会話の方向」などメンバーの参加の姿勢、発言の偏り、役割の固定化によって示されます。コミュニケーションのプロセスの側面とは、主にコミュニケーションのスタイルに表れ、メンバー間の感情の表出、相互の関心、発言の順序や方向・妨害の特徴、説得・質問・傾聴・声の調子・ジェスチャーなどによって理解することができます。雰囲気の要素としては、グループ全体の凝集性、緊張・不安感、自由さ、受容性などがあります。

いずれにしても、グループ・リーダーは、「今・ここのプロセス」を観察し、プロセスを物語るデータをとらえ、理解・解釈し、グループの活動と成長に活用していく役割を負っていることを覚えておきましょう。

「グループの発達のプロセス」とは、グループが結成されてから終結に至るまでの時間的経過のプロセスをいいます。そして、グループの発達は、形成、混乱、秩序、作業の過程をたどるといわれています。

すなわち、はじめてグループ・メンバーが集まってグループが形成される段階では、「このグループで自分は何者なのか」という受容懸念、「私はどのように行動すればよいのか」というデータ不足による懸念、「このグループの目的は何か」という目標懸念、「ここのボスは誰か・私の責任は何か」というコントロールにかかわる懸念などが混沌と動きはじめます。それは自己への不信、他者への恐怖、グループへの無関心や敵対、権威への依存や反発となって表れやすく、グループは不安定です。3節（99頁～）のアサーション・トレーニングの例のところでも示したように、目的の共有、自己開示、経験の分かち合いなどが初期のグループ活動で必要な理由はここにあります。

リーダーの援助的・受容的かかわり、メンバーの自己開示への勇気・好奇心などによってこの段階が落ち着くと、次の混乱期に入ります。メンバー間の相互理解がまだ不十分で、リーダーへの信頼も確立していない段階では、相互の違いを理解し合い、グループ活動の意義を体感し、リーダーの意図と「ともにあること」への確信を得るために、メンバーは相手を探ったり、ぶつかり合ったり、引っ込んだりして、さまざまな葛藤を体験します。メンバーのこのような試みは、グループがある程度の安定感を得るまで続くといわれていますので、目的と日程に応じてこの期間を短くする工夫も必要です。アサーション・トレーニングの例のところで、グループのサイズ、小グループの人数、自己開示の進め方やふり返りの要素、フィードバックのやり方などの注意事項を述べたことは、このプロセスへの留意点と重なっています。

この段階が過ぎると、グループは、相互理解、集団理解が深まり、親密さを体験し、自発性、相互依存と相互受容、グループの方向性の確認などが得られて、秩序期に入ります。この時期は、違いを受容し、失敗を恐れず相互に意味のあるフィードバックが交換され、学習が活発に行われるときです。体験学習を含む心理・教育グループでは、この時期をなるべく多く使えるように工夫することが大切です。

次の作業期は、グループの多くの懸念や障害を解決して、メンバーとグループの独自性と創造性が活かされ、グループが役割と状況に応じて各自が柔軟に動けるようになる時期です。このプロセスは、一定のメンバーが一定期間相互作用をし、グループが成長していないと得られないプロセスです。

## ④　プロセスの活用はグループによって異なること

グループは、そのグループの形成の目的によって、大きく二つの種類に分けられます。主として課題達成と解決を目的とした集団と、主として心理的・人間関係的（あるいは治療的）側面を重視した集団とがあります。

前者には、企業における業務研修、問題解決・仕事の改善などの研修・訓練があり、どちらかというと右に述べた内容の側面が強調されます。つまり、動機づけ、目標設定、意思決定などの過程や、課題を遂行するためのグループの凝集性・モラール・生産性などがテーマになり、研修のなかで注目されることになります。後者には、エンカウンター・グループ、人間関係訓練などがあり、そこでは「今・ここのプロセス」が重視され、メンバーの自己開示、依存・攻撃、メンバーの心理と相互理解の深まり、創造性の増大などが関心の中心となります。

アサーション・トレーニング（理論編）においては、主として内容を強調したグループ活動が活用されます。ただし、先に理論編の進め方で述べた例は、5つの内容領域（アサーション理論、自己信頼とアサーション権、考え方のアサーション、言語レベルのアサーション、非言語レベルのアサーション）を一通りカバーしながら、心理的・人間関係的側面も活用しようとしています。したがって一五時間ぐらい、二四名前後で、グループ活動の有効性が十分生かせる研修を行うことは、非常に難しく、大きな課題や重い問題を扱うことは、ほとんど不可能です。

逆にロールプレイを中心とした実習編では、少人数でメンバーが固定していること、時間も十分とることが保障されていますので、明らかに心理的・人間関係的側面が強調されたグループ・プロセスが生まれます。それを十分活用しながら、アサーションという課題を解決していくことになります。一人ひとりが、自分の課題をロールプレイを通して見極め、解決しようとするとき、メンバーは自分のもてる心理的・人間関係的能力を最大に発揮して支援します。そこでは、メンバーの凝集性、親密さ、創造性が高まり、相互支援、個人尊重の雰囲気ができているこどがはっきりわかり、そのグループの力が一人ひとりの成長を助けることになります。

## 心理教育プログラムとしてのアサーション〈自己表現〉トレーニング

以上、体験学習を含んだトレーニングの進め方と意義について述べてきましたが、ここで、アサーション・トレーニングを含めて、このようなトレーニングを実践するトレーナーのために、実施上の留意点をまとめておきたいと思います。

### ① 心理教育的アプローチとしての位置づけ

筆者が考案し、実施しているアサーション〈自己表現〉トレーニングは、心理教育的アプローチと呼ばれるものに入ります。心理教育的アプローチとは、プログラムのなかに心理的な要素と教育・訓練的要素の双方が含まれているもので、人間の認知的、情動的、行動的、発達的気づきを高めるプログラムを組み込むことによって、問題・症状の予防や対応に役立てようとするねらいがあります。簡単に要約すると、心理教育プログラムには、知的側面と情緒的側面が統合された進め方が必要であり、そのなかには、人の心理にかかわる教育も含まれることになります。そして、このアプローチは、とくに小グループで行うと、より高い効果が上がることが認められています。

その意味で、心理教育プログラムを実施する人（トレーナー）は、人間の心理と教育・訓練の双方について通暁している必要があります。本書は、カウンセラーのためのアサーションですから、このようなプログラムの実施を考えているカウンセラーも読まれると思いますが、カウンセラーはどちらかというと心理的側面へのアプローチには慣れていますが、教育・訓練的アプローチにはまったく不案内ということもあります。カウンセラーが、アサーション・セラピーをカウンセリングのなかに取り入れることは比較的簡単でしょうが、トレーニング・グループを組む場合は、グループ・カウンセリングやグループ・アプローチ、そして教育・訓練の技法にも精通していることが望まれます。

本項でとくに体験グループのことを詳しく述べたのは、アサーション〈自己表現〉トレーニングは、心理教育プログラムとして実施することが、最もその効果を上げると考えたからであり、その点を留意していただきたいと思います。

## ② 小グループ学習の効果性

すでに何度も述べたことですが、小グループのアプローチは、個人の個性や独自性と集団の凝集性や受容性の両方が生かされるアプローチです。したがって、リーダーは、トレーニングのなかで、グループ・メンバーの「私である」ということと「ともにある」ということの両方に気を配り、それらがバランスを保って進む風土をつくる道を探り続けることが大切です。

そのためには、人間の個別性や違いを理解すること、同時に人間の共通性・普遍性を知っていることが重要でしょう。たとえば、人間の不完全で、失敗する存在であることを知り、うまくできたり、失敗したりすることも人によって違うのだと受容する必要があります。そんな学習の風土をつくる責任はリーダーにあるのです。

## ③ 人権を視野に入れた学習

右に述べたこととも重なりますが、学習・訓練の効果は、リーダーの目標のみを成就することではありません。基本的に研修・訓練の参加は自発的に決められるべきであり、したがって学習の内容や変化の速度・プロセスも参加者個人に委ねられるべきことです。リーダーは、学習の素材、環境を参加者と開催の目的にしたがって提供する責任をもつことが必要ですが、そのなかから参加者が何を得ていくか、あるいは、個人がどのように変化するかは参加者の必要と自発性に委ねられるのです。とくに、心理教育プログラムは、どうしても必要な知識やスキルを身につけるために組まれるのではなく、成長や予防のための知識やスキルの学習のために活用することが適していると思われます。ただ、必要最低限の技術の習得や、しつけなどにも心理教育的アプローチのエッセンスは活かしたいものです。

カウンセラー・心理療法家でも、中立・公平であろうとしてそうならず、言行不一致になるときがあり、人間関係の専門家でありながらうまくいかない人間関係をもっています。それは、気づきの問題でもあると同時に、人権意識がないことによって起こっている問題だととらえることもできます。

セラピーや訓練を人権というより広い視点から考えていくことをカウンセラーや心理療法家は避けたり、関係ないと思ったりしていたように見えますが、倫理を強調することは人権を視野に入れることであり、その意味で、心理教育的アプローチは、カウンセラーにとってもクライエント・研修参加者にとってもますます重要な考え方と方法になっていくと思っています。

（平木典子）

# 4章

# カウンセラーが行うアサーションを活用した援助

# 1　アサーション・トレーニングの実践例

アサーション・トレーニングは、心理教育の専門機関、地域の社会教育、大学・学校などさまざまな場所で実施されています。専門機関では、教育・医療・心理・福祉・人材開発などの仕事に就く人がアサーションをそれぞれの仕事に活かしたいという考えをもって参加されることが多く、公民館などで主催されるプログラムには自分の生活に活かしたいと考えて参加される人が多いようです。

ただ、どのような場であっても、参加者自身が問題意識をもって自主的に参加することが原則です。

## 参加の動機

「あなたは必要なときに、自分の意見をはっきり言えますか。誘われたり、頼まれたりしたときに、自分の気持ちに正直に『はい』や『いいえ』を言えますか。また、考えが食い違ったときに、感情的になりすぎずに話し合うことができますか。

相手を傷つけることを恐れて『いいえ』と言えず、断りたいことを引き受けてしまったり、不本意に自分を押し殺して後悔することはないでしょうか。自分の意見ばかりを押しつけてしまったようで気まずい思いをすることはないでしょうか。

人と人との関係では、お互いが自己を表現し、理解の上で歩み寄ることが必要です。自分も相手も大切にして、気持ちのいい人間関係を築く自己表現のあり方を一緒に学びましょう」。

これはアサーション・トレーニングの案内文の一例です。このような呼びかけに応じて参加する人たちは、それぞれに悩みごとや自分の課題をもっています。また、カウンセリングを受けているカウンセラーから紹介されて、参加した知人に勧められて、本を読んで、それぞれ参加しようと思ったという人たちも、話を聞いたり読んだりして、自分を変えるヒントがあるのではないかと期待をもっています。それらのさまざまな参加動機の例をあげます。

「引っ込み思案で、思ったことをなかなか口に出せずに損をすることがあるので」

「人間関係でいろいろ悩んでいるので、ポスターの『人は誰でも尊重され、大切にされる権利がある』というところを読んだだけでじーんとしてしまいました」

「自己PRをするのが苦手なので就職活動の面接に役立つと思って」

「思うことがうまく言えなくて誤解されたり、言いすぎて関係が悪くなったり、人との関係がうまくいきません」

「たくさんの人に会って話をする仕事についているのですが、緊張してうまく話をすることができなくて困ります」

また、トレーニングを受ける準備として、生活のなかで実際にうまく自己表現できないと感じる場面や経験の例をあげてもらうこともあります。そのなかには、

「友人に何か頼まれたときに、断ったら気を悪くするのではないかと気になり、嫌だと思っても断れません」

「上司に反対意見があっても言えなくて、不本意に思いながらも上司の意見に従うことになります」

「仲の悪い二人の知人の双方からそれぞれの悪口を聞かされ、困ったなと思いながらも相づちを打って聞いてしまい、自分がこうもりであるようで自己嫌悪を感じました」

などのように全般的に自己表現することが苦手と感じている場合があります。一方、

「母に口やかましくいわれるとイライラしてしまい、心配してくれているのはわかっていても、つい『放っといてよ』とか『うるさいな』といってけんかになってしまいます」

「夫ともっと話をしたいと思うのですが、面倒くさそうに生返事をされると気がそがれ、嫌

味を言って夫が不機嫌になってしまうことがよくあります」
といったような身近な人とのパターン化した関係のなかで自己表現できない不全感を感じている場合もあります。

また、

「すでにグループになっているようなときに、そのなかに入りたくても入っていくことができません。迷惑ではないかとか、話に加われないかと心配になります」

「大勢の人の前で意見を言うような場面で、自信がなくて意見があっても言えなかったり、うまく説明できなかったりします」

と集団の場面での自己表現ができない場合などがあります。

このようにさまざまな状況や課題をもつ人たちが集まり、互いの課題に共同で取り組むことによって、互いの得意とすることを学び合うことができます。

アサーション・トレーニングは理論コースと実習コースに分かれています。合わせて実施されることも単独で実施されることもありますが、実習コースに参加するためには理論コースに参加していることが必要です。

## 理論コースでの学び

アサーション・トレーニングの理論コースには次の5つの領域があります。

①アサーション理論
②基本的人権〈アサーション権〉の確認と自信の獲得
③認知、考え方の上でのアサーション
④言語上のアサーション
⑤非言語上のアサーション

5つの領域はそれぞれ異なる角度からのアプローチとなっているため、前述した参加者の多様な関心や課題に合うところ、なじみやすいところから理解を進めることができます。①～④の領域について、それぞれ講義とグループ・ワークが組み合わされています。グループ・ワークでは各自がチェックリスト等の作業を行い、それをもとにスモール・グループでディスカッションを行います。このグループ・ワークで講義の内容の理解を深めるとともに、自分の意見や考えを表明すること、違うものの見方や考え方があるのを知ること、互いに歩み寄ってよりよい結果を出すこと、などを実際に体験し練習します。毎回グループを組み替え、参加メンバーのなるべく多くの人と話ができるように配慮します。

①アサーション理論は、非主張的、攻撃的、アサーティブの3つの人間関係のもち方について、その言動の違い、心理的成り立ち、相手への影響などについて理解することをねらいとしています。いくつかの状況に対する対応を3つの行動タイプに分類し、その結果と理由を話し合うなかで、「こんなにはっきり言ったら相手は嫌な思いをするから攻撃的だと思う」「でもそれは事実だから言ってもいいんじゃないかしら」「相手がどう思うかは問題にしなくてもいいのではないでしょうか」といった議論が交わされます。

②基本的人権〈アサーション権〉の確認と自信の獲得は、所与の権利としてのアサーション権を知り確信することで、明確な判断基準と行動への自信を獲得することをねらいとしています。権利という言葉に抵抗感がある人や、「権利ばかりでなく義務もあるはずだ」と主張する人、誰がその権利を保障しているのかと疑問をもつ人もいますが、権利を知っていたか否か、使っていたか否か、について互いに話し合い、知っていたり使っている人の話を聞いてなるほどと納得することが多くあります。

③認知、考え方の上でのアサーションは、論理療法の考え方をもとに、自分のものの見方や考え方を点検し、不自由な考え方を自由な考え方に変えることによって、行動の変化を図ることをねらいとしています。日ごろの自分の考え方をチェックリストでチェックし、違う考えをもつ人と検討し合うことで、別のものの見方や考え方があることに気づくことができます。

④言語上のアサーションは、自己開示と積極的傾聴を前提とするアサーティブな言語表現について学び、とくに日常会話の場面と問題解決の場面にそれぞれ役立つスキルを身につけることをねらいとしています。日常会話の場面では、互いにアイデアを出し合い、実際に使ってみることで、自然な会話をするためには準備や工夫が必要なのだという気づきがあります。また、問題解決の場面では、葛藤場面での表現の方法と心構えについて学び、グループでコンセンサスを得る話し合いを行うことで、実際に葛藤場面で主張したり妥協したりする体験をします。

⑤非言語上のアサーションは、非言語的表現に注目し、言語と非言語の一致した適切な表現をめざし、感情の扱いについて、とくに表現の難しい怒りの感情について考えますが、これは講義だけを行います。この講義のなかで、参加者から多くの質問や意見が出されます。

たとえば、

「怒りの感情を伝えようとすると攻撃的になってしまうのですが」

「私はその場面では自分が怒っていることがわからないで、後になってからじわじわと怒りが出てきて相手に表現することができないのですが、どうすればそのときすぐに反応するようになれるのですか」

「たまってしまった怒りはどうすれば解消できるのですか」

など、切実に感じられている疑問が出されます。また、

「こんなことがあったのですが、どうすればいいのでしょう」

と、実際に経験したエピソードが語られることもあります。

相手や自分の感情をどう受けとめ、どう対処するかは、参加者の多くにとって非常に現実的な問題であることがうかがえます。参加当初に自分の課題としていたことから、一歩進んで感情の問題に踏み込んだという実感をもつ人も少なくありません。これらの疑問に対して、他の参加者の意見を聞いたり、トレーナーがアサーションの観点からのコメントをして、可能なかぎり納得がいくようつとめますが、もとより非言語的な表現や感情については、講義の形式では多くを扱うことはできません。この点については実習コースで体験的に学びます。

## 実習コースでの学び

実習コースでは、ロールプレイの手法を用いて、理論コースで学んだことを実際に行ってみます。生活のなかでの身近な場面を、他のメンバーに相手役を演じてもらうことによって再現し、そのなかで普段の自分の言動やその時に起こる感情をふり返り、よりよい対応を検討、工夫して、練習します。また、今までやったことがないけれどやってみたいことを試してみることもできます。ここで、先ほど述べたように非言語的な表現や感情に注目します。

まず下準備として、「人と違う意見をもっているとき、それを表現する」「自分が間違っていることを認める」「借金その他借りたいという要求を断る」など日常のなかでアサーションをするさまざまな場面のチェックリストに、各自がアサーティブになれるとき、非主張的や攻撃的になってしまうとき、をふり返って記入します。そしてそれを参考に自分の課題を選び、アサーティブになれない相手や場面を検討します。そのなかでもなるべく中程度に難しいものをロールプレイの題材とするように指示します。これは、ロールプレイによって達成感を得られることが日常生活での実践への励みとなることをねらいとするからです。実例のなかでロールプレイの進め方を説明します。

## Aさんのロールプレイ

ロールプレイは六～七人のメンバーにファシリテーターが一人入ってグループをつくります。複数のグループができる場合、ファシリテーターは交代しますがメンバーは固定して順番に自分のロールプレイを行います。

Aさんは二〇歳代前半の女性で大学生です。Aさんはさまざまな場面で、相手に嫌な思いをさせることを恐れて自分の言いたいことが言えず相手に合わせてしまい、イライラしたり、相手に腹を立ててしまう、と言います。Aさんは実際の場面として次のような課題と状況をあげました。

課題：「電話の相手に話す時間がないことを伝える」

「おしゃべりな人の会話を中断したり、終わらせたりする」

状況：友人からの電話がもう二時間にもなり、Aさんはそろそろ切りたいと思っています。友人は立て板に水のように切れ目なく話す人で、自分のことばかり得意げにしゃべり、Aさんの話は聞いてくれません。

Aさんの説明に、他のメンバーから「相手の人はどんな話し方をするの」「話す内容はなんでもいいですか」「Aさんが話しはじめると、さえぎったりするのですか」「得意げってどんな感じかしら」など、相手役を演じるのに必要な質問がされ、相手役のイメージをつくります。

状況や相手のことを人にわかるように説明するには、客観的な視点が必要となります。また、そのときに自分がどう感じてどう行動するかをあらためて見つめ直すプロセスともなりますので、十分に時間をかけてていねいに場面を設定します。このロールプレイの準備段階で課題のいくぶんかは達成されるといってもよいでしょう。

最後にこのロールプレイのなかで具体的にどのような自己表現を目標とするかをAさんが決めます。この「自分が何をしたいのか」を明確にしておくことが重要です。目標がはっきりせず、「どうしたらいいかわかりません」という人もいます。このようなときは本人ができそうなことを試しにやってみることを勧めます。Aさんは「相手に嫌な思いをさせないで電話を切る」のを目標にしたいと考えました。これら状況の説明や目標の設定は「脚本づくり」のプロセスとなります。

メンバーが相手役を演じられるほどに理解したところで相手役を募ります。「その役ならできる」という人もいれば、「自分とまったく違うのでやってみたい」という人もいます。相手役を演じることも大切な経験となりますので、自発的に出てもらうように勧めます。残りのメンバーは観察をします。

ファシリテーターの合図でロールプレイを開始、終了します。その間は役割を続けなければなりません。話の成り行きによっては予想外の展開になることもありますが、相手役はその役を演じる自分なりの気持ちに従って行動します。Aさんの一回目のロールプレイでは、次々と話題を変える相手に愛想よく相づちを打ち続け、ようやくおずおずと「もうこんな時間だね」と切り出したもののあっさりと受け流されてしまいました。

ロールプレイが終わった後のフィードバックでは、観察していたメンバーと相手役から、Aさんのよかったところを言ってもらいます。フィードバックをよかった点にかぎるのは、欠点を指摘するよりも長所に注目するほうが行動変容には効果的だからなのですが、人のよかったところを見つけてほめるのもアサーションの練習として意味があると考えています。Aさんは、メンバーからは話を切り出したことを励まされ、相手役からは気持ちよく話を聞いてくれたことをほめられました。そして次はタイミングをうまくつかむようにしてみたいと考えました。

相手役を交代しての二回目には、一回目より早く切り出すことができ、「そろそろ切らない？」と言いましたが、相手が「なんで？　もう少しいいじゃない」というのに言葉を詰まらせてしまいました。ロールプレイをふり返るなかで、Aさんはなぜ切りたいか考え直してみました。そして、はじめは嫌ではないのに、疲れてもう切りたいのにと思いはじめると相手の話が不快に思えてくることに気がつきました。Aさんは「疲れたから切りたい」と言ったら相手が気を悪くするのではないかと気になったのですが、メンバーから「私は気にしない」「はっきり言ってもらったほうがいい」などの意見を聞き、相手がどう感じるかはわからないので「相手に嫌な思いをさせない」というのはアサーションの目標にはできないことに気づき、目標を「電話を切りたいと伝える」に変更しました。このように何度かロールプレイを繰り返すうちに、課題や状況への理解が深まり目標を再検討することもよく起こります。

三回目には、「今日は疲れたから終わりにしたいの。私は電話だと疲れてしまうので、今度は会ってゆっくり話をしましょう」と言って電話を切ることができました。メンバーからのフィードバックで、「自然で嫌な感じはしなかった」「自分の話をちゃんと聞こうとしてくれていると感じた」と聞いて、Aさんは意外に思うと同時に安心しました。Aさんは「すっきりしました」と満足した様子で、「今まで自分が言わないでいて、相手が思うようにしてくれないと嫌だなあと思い、また嫌な気持ちを伝えてはいけないと余計に合わせてしまっていたと思う」と感想を語りました。

Aさんは自分のロールプレイに満足をしたので、これで終わりとなりますが、満足した後で希望すればメンバーからアドバイスを聞くことができます。Aさんはアドバイスを希望しました。メンバーからは「今ので十分よかった」という声も多かったのですが、相手の話にはいるときのタイミングのとり方や「次はいつと具体的に提案しては」「切るという話になった後はもっとあっさり切り上げたほうがいい」などのアドバイスが出されました。

## Bさんのロールプレイ

Bさんは五〇代後半の女性で、教育関係の仕事をしています。Bさんが選んだ課題と状況は次のものです。以下、ロールプレイの手順は省略します。

課題：「依頼を断る」

「意義ある目的のための奉仕を断る」

状況：同じ仕事をしている仲間から、ある会での講演を頼まれました。その会の趣旨には賛同していて応援したい気持ちがありますし、自分にとっても興味のあるテーマです。また依頼をしてきた仲間には以前に助けてもらったことがあり、さまざまな状況から自分が引き受けるのがよいと思われます。しかし、Bさんはこのところ自分がとても消耗していると感じてきたので、充電するために一年間はすべての仕事を休もうと決めたところでした。相手はBさんに、これはとても意義のある仕事で、ぜひほかならぬBさんに引き受けてほしいと熱心に説得してきます。

Bさんは「自分にとって休養するという決心は大切なものだということを相手に伝えてこの仕事を断る」と、目標を決めました。

一回目のロールプレイでは、「Bさんにやってもらえないと困る」とさまざまな理由をあげる相手に対し、Bさんが別の候補ややり方の提案をするやりとりが続き、断れないまま終わりました。相手役を含むメンバーからは、Bさんの仕事や相手に対する誠実さが感じられたとのフィードバックがありましたが、Bさんは自分の思いを伝えられなかったと感じました。

二回目には、「その仕事の大事さも相手の状況もよくわかり、ぜひ自分にと言ってくれるのはうれしい」と伝えた上で、ここ数年間の自分の思いや今の状況、休むことが大切だと思っていることを語り、相手も納得してその企画はBさんが仕事を再開するまで延期することになりました。フィードバックではBさんがすまない気持ちでいることがわかったこと、自分の気持ちを伝えたことで相手も納得したことがあげられましたが、Bさん自身はすっきりしない気持ちが残りました。何か後ろめたい、悪いことをしたような気がする、というのです。その気持ちはなんだろう、と考えるBさんにファシリテーターは、「理論コースで勉強した『罪意識や利己的な感じをもたずに、依頼を断る権利』と関係があるのではないでしょうか」と言葉をかけました。Bさんは資料を読み直し、「ああ、そうなんです。私は休むと決めながらも、人の役に立つことはしなければいけないと思い込んでいたんです。相手が納得するかどうかではなく私が納得していなかったんです。だから今までこんなに疲れてしまったんですね」と笑い声をあげました。

三回目のロールプレイでは、二回目とは打って変わった晴れやかな明るい表情で、すっきりと依頼を断り、充電期間にやりたいことやその後の仕事への抱負も語り、相手役もそれを応援したいと言って終わりました。

## Cさんのロールプレイ

Cさんは三〇歳前半のカウンセラーです。Cさんは次のような課題を選びました。

課題：「不当な意見や批判に受け応えをする」

状況：相手は職場の上司で、年上の女性です。彼女はCさんが自分を馬鹿にしているのではないかという思いを抱いているらしくやや被害的で、意見の相違があるとCさんの意図を頭ごなしに決めつけ、大きな声でたたみかけるように非難を浴びせるので、Cさんは押さえ込まれるように感じ、何も言えなくなってしまいます。

Cさんは「冷静な態度で、自分の考えを聞いてほしいと伝えること」を目標としました。

一回目、二回目のロールプレイでは緊張した面持ちながら笑みを絶やさず、理路整然と自分の考えを述べました。メンバーからも冷静に対処していたとのフィードバックがあったのですが、Cさんは合点がいかぬ様子で、相手役にもっと強く攻撃してほしいと希望しました。

三回目のロールプレイには、その相手役は自分の母親と似ているタイプのようなのでやってみたい、と女性のメンバーが相手役をかってでました。相手役がCさんの言葉をさえぎり矢継ぎ早にCさんを非難すると、Cさんは笑顔をつくりながらも落ち着かない様子で、だんだんと言葉少なになり黙ってしまいました。メンバーは穏やかな態度であったこと、自分の考えを言えたことをほめましたが、ファシリテーターはCさんが手に持ったペンを始終カチカチとならしていたことにCさんの気持ちが表れていてよかった、とフィードバックしました。Cさんはハッとした表情をしたかと思うと涙ぐみ、とてもいたたまれずその場から逃げ出したい気持ちであったと語り、自分が無力だと感じていたことに気づきました。Cさんは「私は怖いんです。冷静でないのに冷静に振る舞おうとするのはアサーションではないですね」と言って、課題を「自分が神経質になっていたり、おどおどしていることを認める」に、目標を「そういう言い方をされて困っていると伝える」に変更しました。そしてCさんの希望でもう一度同じ相手役でロールプレイを行いました。

四回目、Cさんは「ちょっと待ってください。そのように言われるとどうしていいかわからなくなってしまうのです」と言いましたが、その様子はそれまでよりもずっと落ち着いていました。相手役をしたメンバーは、「先回はどう止めていいかわからなくなり困っていましたが、今のように言ってもらって助かりました」とフィードバックし、「責めるほうもこのように困っているものなのですね」と、自分が課題とする母親との関係を違う視点から見ることができたことを話しました。

### 参加者の体験

トレーニングのなかで参加者はさまざまな体験をし、そこからそれぞれの学びがあります。参加者の感想のなかから、自身の言葉で語られた各自の学びを紹介します。

とても楽しかったし、とても疲れました。このトレーニングを通し、人と人との摩擦はお互いの理解が不完全なことから起こるのだと思いました。ですから人と仲良くなるには、自分の気持ちをお互いわかりやすい言葉で、尻込みせず表現することが大事だと悟りました。それには感情を素直に表現する勇気が必要です。（二〇代男性）

今まで「こんなことを言ったら人の反感をかうのではないか」「何も言わなければ人を傷つけることもない」と思っていたのが思い込みにすぎず、自分が深刻に考えていたことは相手にしてみればなんでもないことだったのに気づきました。今はとても楽な気持ちです。（一〇代女性）

他の人々のいろいろな考え方、物事のとらえ方を知り、自分も成長したように感じます。自分の意見が幼かったり偏っていたとしても、恥じることなく表現すれば他者の意見によって変えたり深めたりしていくこともできるのだと思います。（二〇代女性）

他の人が考えること感じることをすべて把握することは不可能です。そこで他の人のことばかりを気にして自分の意見や感情を抑えたり、結果を恐れて臆病になっている必要はないのだと思いました。（二〇代男性）

理論を学んだときは、私も自分の言いたいことを言えるという希望をもちましたが、ロールプレイをするなかで、自分が何を言いたいのかがあやふやであることがわかりました。自分は何を感じ、どうしたいのかを把握することが必要だと思いました。（四〇代男性）

子どものころは両親の、結婚してからは夫やその親の気を損ねないようにとばかりつとめてきた私は、自分の感情や考えを大事にする権利があるということを学ばずに生きてきたと思います。自分の気持ちやしたいことを常に抑え、そのために子どもに対して自分の思い通りにしようとする気持ちが強かったと思います。自分が犠牲になっているつもりで相手を責めていたことに気がつきました。自分自身を大切にすることから始めていこうと思います。（五〇代女性）

トレーニングに参加して、「私はこうあるべきだ」という固定観念から解放された気がします。非合理的な思い込みを学んだり、ロールプレイを重ねるなかで、少しずつ現実の自分を受けとめかつ自分を尊重することが大切だと感じることができました。（二〇代女性）

一人での参加で不安でしたが、参加者のみなさんが驚くほど早く打ち解けてお互い親しく話せたので楽しく過ごすことができました。いろいろな方の体験や考えを聞くことができたのがよかったと思います。私がこれまで守るべきと思ってきた常識が私なりの考えであって、他の方はいろいろに違う感覚や考えをもっていることに驚きました。（四〇代女性）

相手の話を聞いて理解するのと、相手の言うことに同意をするのとは別であると分けて考えることができたのが有意義でした。（五〇代男性）

相手にわかるように話すには、客観的な事実に基づいて考えを伝えることが大切であることを学びました。私はこれができていなかったと思います。また、ロールプレイで相手役をやることで、いろいろな人の気持ちを体験したのも新鮮でした。（三〇代女性）

この四日間でいろいろな発見、驚き、喜びがありました。私は非主張的でいつも勝手に損をしている性格を変えたくて参加しました。トレーニング中に言いたくても言えないことがありましたが、「人間はすぐには変われない。毎回少しずつ勇気を出していくしかない」と思いました。トレーニングを受けてそれでできるようになるのではなく、ここで学んだことを活かして、努力して変わっていく主体としての自分がなければダメだと強く感じています。知らない人のなかに入るのも苦手だったのですが、自然に話せるようになり、知らない人と出会うのは自分の幅を広げることになるのだと思いました。（二〇代女性）

これらの感想からも、参加者がそれぞれの関心や課題、力量に応じて、それぞれの成果と次なる課題を持ち帰ったことがうかがえます。アサーションが一度ですべてが解決する魔法の言葉ではなく、やりとりを重ねて歩み寄っていく姿勢であるのと同様に、アサーション・トレーニングもその後の実生活のなかでの努力の積み重ねへのきっかけやヒントなのです。

（山中淑江）

## 2 アサーション・カウンセリング事例①
# 家族から自立を果たした愛子さん

### はじめに

「空虚感と行動の制止を主症状とするうつ状態」（医師の診断）にあった青年期後期の女性が、家族からの自立を求めてカウンセリングに訪れ、一歩を踏み出していくまでの経過を、アサーションの観点から、ふり返ってみます。

### ケースの概要

愛子さん（仮名）は長身でやせており、長い髪で、初対面のときにとてもきれいな人だと思いました。「いのちの電話」からの紹介で「家族の影響から自立したい。このままでは自殺するか、殺されるか」「嘔吐を繰り返す。精神的なもの」と訴えて来室しました。

愛子さんはこれまでのことを表にして持ってきていました。それには、小学校からの症状（精神的腰痛、下痢、胃下垂）や、中三から高三の間不登校であったこと、高二で自殺未遂、大学進学で上京以降の症状（精神的な嘔吐、十二指腸潰瘍）や主な出来事（二回の留年、二回目の自殺未遂など）、数年前は身長一六〇センチで体重四〇キロだったことなどが記されていました。

二年三カ月四〇回あまりのカウンセリングの間に、筆者がトレーナーであるアサーション・トレーニングや、交流分析のセミナーにも参加された事例です。愛子さんは、自尊心が低いため、「いったい自分は何がしたいのかわからない」「どうやって生きていけばいいのかわからない」といった空虚感を乗り越え、家族や世の中とどう折り合いをつけるかを模索し、自分なりの道を見つけ、踏み出していきました。

## 家族・生育歴について

愛子さんの家族は、自営業の父（五〇代後半）と専業主婦の母（五〇代後半）、三つ上の兄と七歳下の妹の五人家族です。お父さんは、愛子さんとお兄さんには、子どものころ、よく暴力をふるったけれど、妹にはとても甘いのだそうです。お母さんは、お父さんの言いなりで、愛子さんはお母さんからお父さんの悪口を聞かされて育ちました。子どもたちのなかで一番成績が良く、小学校から週六日から七日塾に通っていましたが、中学受験に失敗し、親から「馬鹿にされた」そうです。

中三から高三まで不登校で、お父さんに「ボコボコ」にやられ、首を絞められたことから、「殺されるのではないか」という恐怖がずっとあったと言います。お父さんは妹に甘く、お母さんはお兄さんをかばうなかで、愛子さんは、親からの期待として「女の子としてきれいでなくてはいけないし、学歴もなくてはいけない。女と男の両方がんばらないといけない感じ」と述べています。高二のとき、大量の薬を飲み、自殺未遂をしましたが、親の反応に傷つきました。

愛子さんは、芸術系の大学に進学しますが、個性的な人たちばかりのなかで大学の雰囲気についていけず、二年留年して卒業しました。この時期に二度目の自殺未遂がありました。大学卒業後、専門を活かした仕事につきますが、仕事になじめず、対人関係もうまくいきませんでした。実家に戻ったり、上京したりで、バイトや短期の仕事をした後、来室当時、愛子さんは二八歳になっており、無職の状態で実家に住んでいました。親からは「早く出ていってほしい」と言われていました。

兄は親元を離れて仕事をしており、妹も大学生で、他県におり、家では愛子さんと両親だけで暮らしていました。お父さんとはほとんど口をきかない状態にありました。

## 面接の経過と考察

### 初期（一～一八回、X年四月～一〇月）

初回で、愛子さんは親から離れていても「自分がすることはすべて、親への反発か、いつか親が言っていたこと。自分がどうしたいかまったくわからない」と訴えました。当時もかなりやせており、嘔吐が続いていることもあって、カウンセリングができる総合病院を紹介しました。しかし一週間後、愛子さんは「病院に行くことは抵抗がある」と電話をかけてこられました。初回から五回まで、病院に行くかどうか、どこでカウンセリングをするかという話し合いが行われました。

愛子さんは「自分の弱さからくるものなので、薬には頼りたくない。心の弱さを強くしたい。私はそんなにたいへんで重いとは思わない」と言われます。筆者は「長い経緯があるしこれからもっと辛くなることもあるし、薬が役立つこともあると思います」と伝えました。またこの状態では「私が不安なので、医師の力を借りたい」とも話しました。そのやりとりのなかで、愛子さんは「症状が出ているのだから行ったほうがいいですね」とクリニックへの受診を承諾されました。

しかし、残念ながら、医師の発言に不信をもたれ、「もう行きたくない」とのことでした。

医師からは「うつ状態を繰り返す感情障害」で「薬が有効だが、拒否されるので処方しなかった。もっとうつ状態がひどくなればもう一度受診を勧めてほしい」旨の連絡をいただきました。筆者は愛子さんが受診で傷ついた気持ちには共感できる部分もありましたし、この経過のなかで、なんとかやれそうな手ごたえを感じました。愛子さんの薬に頼りたくない気持ちを尊重し「もし、どうしても、私が必要と判断したときは行ってくれますか」と尋ねたところ、了解してくれました。また自殺未遂も気になるところだったので、「自殺をしないと約束してもらえないだろうか。そうでないと心配で、愛子さんとのカウンセリングをすることができない」と伝えたところ、「自殺しない」とはっきり返事がかえってきて、私とカウンセリングをしていくことが決まりました。

❖解説　お互いを大切にする

クライエントを大切にするのは当然ですが、カウンセラー自身の気持ち、とくに不安や心配を率直に表現することがここでは重要だったと思います。この初回から五回までは、どこで誰とカウンセリングをするかを決めるプロセスでした。筆者は、愛子さんにとって、医者もカウンセラーもいる総合病院のほうがよいと考えましたが、愛子さんの希望とは異なっていました。しかし筆者としては、服薬なしでいいのか不安でしたし、やせの進行や自殺企図の可能性を考えたとき、医者のバックアップや判断が必要だと考えました。

愛子さんは受診するという決断をされましたが、結果は傷つき体験となってしまい、医師につなぐことはできませんでした。援助を求めることの難しい愛子さんがカウンセリングに来られるのに「ものすごく勇気がいった」こともわかりました。もう愛子さんと筆者の関係が始まってしまっていることを考えると、筆者が引き受ける覚悟をするしかないと思いました。そのためには、こちらの限界を正直に伝え、双方で、合意できる妥協点を探ることが必要でした。そのプロセスで、愛子さんも筆者も、二人で協働できるという感触がつかめたように思います。愛子さんは、とても敏感で、ちょっとした言葉や態度で傷つきやすくなっていたので、筆者が正直であったことは重要だったと思います。

愛子さんは「親のことは言い出したら止まらなくなる気がするので、言いたくない」し、「もう割り切れている」と言います。筆者は「残ってしまっているのなら、そこを見直す方向もある」と提案しますが、愛子さんは「でも誰だってもっている。それを背負っていくしかない。背負って動き出せばいいのだと思う」と反論しました。「偏っていますか？　過去を考えることは必要ですか？」と問う愛子さんに、筆者は「必要なときもあると思うが、今は動いてみたいのならやってみましょう。必要なときがきたらまた考えましょう」と伝えました。

愛子さんは「何か始めなくてはいけないのはわかっているけど、何を始めたいかわからない」と言います。そこで、仕事に結びつけることにこだわらず、ちょっとでも関心がもてるものを試してみることにしました。彼女は、ヨガや陶芸や楽器を習うなど、いろいろ挑戦していきました。やってみて面白ければ続けるし、気が向かなければやめてもいいことにしました。男性の指導者の言葉に腹を立てたり、傷ついたりもしましたが、徐々に何が面白いか感じることができるようになっていきました。そして「変わらなくてはと思ってきたけど、そんなに変わらないし、ずっとこのままかも。それでも仕方ないかな」と話されることもありました。

### ❖解説　自己信頼のために

愛子さんは、何かすることで自信がつくかもしれないと思っていましたが、何をやっていいかもわからないし、何をやっても面白くないと感じていました。しかしいろいろなことをやってみると、少しずつ感じ方の違いがはっきりしてきました。友だちができにくいことや指導者への違和感と、自分がその活動をやっているときの感じを分けることができるようになりました。これは、自分は何が好きで、何が苦手か、どんなことを感じるかといった自己理解をはっきりさせることにもなっていきました。お腹がすいたという感覚も戻ってきました。自分を「空っぽだ」と感じてきた愛子さんにとって、「自分が何かを感じている。考えがあるのだ」という自己信頼の根っこを探す作業でもありました。

愛子さんは「いつもせかせか、イライラして」不眠が続きましたが、自分で内科を受診し睡眠薬をもらい落ち着きました。無防備な妹が、男性にだまされたりしているのに、母親が守ってやれないことに腹を立てたり、兄にしてあげたことを無視されたりして傷ついた話が出てくるようになります。筆者は愛子さんに「あなたが我慢していたことは相手に伝わっていただろうか？」と聞くと、愛子さんは「きっと気づかなかったと思う」と答え、自分の表現をふり返るようになりました。

そして「いつも関係のなかで自分を見てきた」「無理して相手に合わせてあげたことをわかってほしいと思ってきた」ことに気づきます。また職場で反発を感じた話のなかで「日本の社会では、それをおかしいと言ったら、私がいじめられますよね」と言われるので、筆者は「あなたが自分はこう感じる、こう思うというものをもっていることがまず大事。それを口に出すか出さないかは次の問題で、それにどう対応するかはそのまた次の問題と思う」と伝えました。

愛子さんはあのまま「いい子のままでいたら、気が狂っていたと思う」けれど、「不登校できた、反抗できた」ので、保つことができたと言います。「家でのんびり落ち着いたことがない」愛子さんが、母親にあまり気を遣わなくなり、家に居場所はないけれど「気持ちいい」と表現するようになります。

❖解説　自分の感じること、考えることを大事にしてよい（アサーション権）

家族のことは話したくないと言いながら、ぽろぽろと家族から受けた傷つきや怒りが表現されるようになっていきました。そこで起きているコミュニケーションのあり方をふり返り、愛子さんの思いを表現していないので、相手に気持ちが通じていないことに気づいていきます。愛子さんは親や世間と異なる感情や考えをもっていいとは考えていなかったので、表現してきませんでした。親が期待することと違った自分でいいのだ、世間が期待する女性と違っていいのだということを筆者は言葉としても伝えていますし、愛子さんの感じたことや考えたことを大切にしていいのだということを何度も伝えています。基本的な人権として、愛子さんは何を感じても考えてもいいのだということが実感できる必要があったように思います。

**中期（一九～三一回、X年一〇月～X＋一年四月）**

「いつまでも親のことでこだわっていてはいけない」と思って両親に「(愛子さんが親とうまくいかない背景には)夫婦の問題があると思う。そこから離れたい」と話しました。また「今カウンセリングに通ったりして立ち直ろうとしているから、しばらく家にいさせてほしい」と言うことができました。

すると父親が愛子さんにあれこれかかわりはじめ、おびえて緊張してしまうことが起こりました。「怖い」ということを父親に伝えていなかった愛子さんですが、次の回には「昔、暴力をふるわれたことで、いまだに怖い」と話せました。父親は覚えていなかったそうです。

母親とも愛子さんはちょっとしたことでけんかしてしまいますが、「そう説明してもらったらわかる」と母親に言われます。愛子さんはお母さんに「もっと言いたいことを言おうよ、けんかしてもいいじゃない」と言ったそうですが、お母さんがドンとかまえていてくれたらもっと言えるのにと感じたそうです。お母さんが愛子さんにあれこれ世話を焼くたびに、前なら、我慢していたことも、そのたびに「しなくていい」と言えるようになり、「口に出すとちょっとすっきりする」ようになります。

帰省した妹が、愛子さんと両親のやりとりについて批判したとき、愛子さんと親の関係と、妹さんと親の関係は違うのだから「口出しをしないで」と言えました。

また妹ともけんかをしました。「お姉さんだから」といつも我慢していた愛子さんでしたが、怒鳴り返しました。また、妹さんを心配している気持ちを表現できるようにもなりました。

お母さんから借金の返済を迫られたり、父親から兄や妹と比較されたりすることも続いていました。母親には「いくらかわかってもらえている」と感じているぶんだけ、期待する気持ちがあるので、表現してもやはりわかってもらえないとがっかりすることも多くなりました。「お母さんには無理なことなんだ」とあきらめる気持ちが少しずつ出てきました。「孤独、ひとりだと認めるしかないな」と感じるようになっていきます。

### ❊解説　気持ちを表現する

愛子さんは、親との話し合いで、父親が怖いことやしばらく家においてほしいことを伝えることができました。その結果、一時父親からの働きかけが増えて、かえってがっかりすることにもなりました。筆者は愛子さんが親と話したほうがよいと勧めたわけではありませんでしたが、伝えるなら「今の気持ち」を表現してみることをアドバイスしました。

愛子さんのコミュニケーションは、相手を配慮して、無理をしてしまい、そのことをわかってほしいと期待しますが、一方で申し訳なさを感じるというパターンでした。自分の考えや気持ちを家族のなかで表現しはじめると、わかってもらえることもあるし、やはり無理なこともありました。とくにお母さんに対しては、限界を知るようになります。

伝えたら、わかってもらえるとはかぎらないし、望むものが手に入るとはかぎらないことを愛子さんは経験します。「しばらく家にいさせてほしい」と頼めたことで、帰る場所があることを感じることができましたが、それでも家族のなかでは愛子さんにとって辛い現実を感じることもあったようです。実際に表現してみたからこそ、密かに期待し裏切られてそれでもどこかで期待し続けてきたところから、少しずつ家族に対して距離がとれていきました。

「自分は協調性がない。合わせることができない」と考えている愛子さんは、自分の考えを友だちにもあまり伝えていませんでした。筆者は「世間がどうかとは別に、あなたがどういう関係をもちたいかを考えてもいいのでは？」と言うと、「あ、そうか」と素直に反応されました。

愛子さんは「失敗したくないし、人からどう思われるか気になる。好かれたいと思っていつも気にしていた」「何もやらなければ失敗しないし、人とつきあって嫌われないようにするには、つきあわないというふうに逃げてきた」ことに気づいていきます。また「人は百パーセント満足していなくて、笑っている人もさみしさとか孤独とか心のなかにあるのかもしれない」と他人に対してこれまでとは違った見方をするようになりました。「人生というのはもしかしたら地道なものかもしれないという気がしてきた。そんなふうに生きられて人とつきあっていけたらいい」とはじめて愛子さんがどんな人生を生きたいかを語りました。

習い事も面白いと思うものがしぼられてきて、指導者の言動をあまり気にしないで楽しめるようになります。「やってみたらわかった。やる前に、きっとこうだろうと勝手に思い込んでいたこともあったかも」と言います。

この時期、交流分析のセミナーに参加し、保護的Pの高い人たちのなかで居心地のよさを感じることができ、そのなかで「最近食べ物がおいしいと感じられる」と発言して涙を流されました。「どう対応したらよいのかぼんやりわかってきた気がする」ようになります。

### ❖解説　非合理的な思い込みに気づく

愛子さんは、友だちや習い事などで出会う人たちのことを、批判的な目で見ていましたが、実際にいろいろなことにチャレンジし、いろんな場面に遭遇したことで、違った見方をもつようになりました。実際の行動をとってみると、予想していなかったことが起きたり、気づかなかった自分の感覚が少しずつ明確になるという体験をされました。筆者が「やってみたらわかったんですね」というと、「ああそうか、そうです」とあらためて確認することがありました。

カウンセリングのなかでは、とくに非合理的な思い込みについて筆者のほうから取り上げたわけではありませんでしたが、愛子さんは当初から「こういう否定的な見方をしているかぎりダメですね」と自分の見方の問題ということには気づいておられました。しかし、「親のせいだと言いたい気持ち」があり、それをある程度表現してしまうまでは、自分のとらえ方の問題を点検することは難しかったようです。

「失敗してはいけない。失敗したらダメな人間」「好かれるには人に合わせるしかない」といった非合理的な思い込みが、愛子さんを苦しめてきたことが見えてきました。そして、そうとはかぎらないのだという見方がもてるようになっていきました。

## 後期（三二回〜四四回、X＋一年四月〜X＋二年七月）

習い事のなかでもっとやってみたいことを見つけますが、経済的に難しく、また、それで食べていくことは無理だとわかります。お金を稼ぐことを考えはじめ、東京で働くか地元かと迷います。東京は愛子さんの年齢でもチャンスがあるし、刺激がありますが、疲れます。地元にいれば居心地はよいが、保守的で、働く場があまりありません。それで、これまで行ったり来たりを繰り返してきました。それではダメだと今回は慎重になります。

短期のバイトをしますが、これは嫌というのはあっても、どんなふうに仕事をしたいかというはっきりしたイメージがつかめません。「きっと何をしてもいいと思えないのではないか」と思いながらも、愛子さんはパートバンクや職安に通いました。生活のために仕事をしなくてはと考え、今東京へ行っても無理と判断して、地元で職を探すことにしました。しかし、人づきあいの不安や男性への嫌悪感などもあるので踏み切れないものも感じていました。この時期にアサーション・トレーニングを受けましたが、グループ・ディスカッションにも積極的に参加できていました。

年齢制限など厳しい現実の前で、愛子さんは「高いレベルの仕事でなくてはダメと思っていたが、結局人に思いやりをもてないので、それを育てることが目標だ」と思うようになり、「自分が何か人のために役立っていると思えることが必要」と考えはじめます。

友だちとのつきあい方を変え「そうは思わない」と言ったりするようになったら、電話がかかってこなくなりましたが、「本当の友人というわけでもなかったので仕方ない」とあまり落ち込まないでいられました。

中学受験に失敗したとき、「親から『失敗したのでダメな人間』と言われたことがショックだった。誰も『よくがんばった』と言ってくれなかった。あそこから止まっている気がする。温かい家族に憧れ、そうでない自分の家が受け入れられなかったのだと思う。自分をまず思い遣ってあげられるようになれるといい」と考えられるようになりました。

最後から二回目の面接のころに、親と大げんかをします。愛子さんは不登校も今の問題も、愛子さんだけの問題ではなく、親の育て方と関係していたかもしれないと考えてほしかったのですが、父親は愛子さんが、「甘えてこないのでかわいくないし、不登校したから殴ったのだ」というところからまったく動かないということがわかったと涙を流しました。そして、やはり、まだ親に期待していたけれど、「本当に自分が成長していくしかないな」と考えます。そしてこれからの厳しさを一段と感じたようでした。

最終回には、愛子さんは進路を決めてきました。人の役に立てることをして、お金になればいいと援助職の勉強をすることに決めました。「今回はじめて純粋に自分で決められた気がする」「人の役に立つというより、自分が成長できるというほうが大きい」と晴れやかな表情で言いました。
愛子「アサーション・トレーニングで『変えることができるものと変えることができないものがある』と言われましたよね。変えられるのは自分だけだと思えた。なんとか自分でやっていこうと思う。もうカウンセリングは必要ない気がします」
筆者「自分をあてにできるようになったんですね」
愛子「そうか。そう思っていいんですね」
筆者「二年間よくがんばりましたね。あなたが一生懸命自分を見つめなおし、変わろうとした結果だと思います」
愛子「それまでも一人で変わろうとしてきました。でも空回りしていた。ここに来たからできたのだと思います」
筆者「では二人の共同作業ですね」
と、合意の上、終了しました。

❖解説　主体的に生きる

いよいよ、愛子さんがどこに住み、何をして生きていくかを決める時期がきました。どこで働いても、何かしら不満があり辞めてしまっていたのですが、三〇歳直前のとくに資格があるわけでもない女性のおかれている現実の厳しさに直面することになります。東京と地元を行ったり来たりしてきたこれまでを反省し、愛子さんはまず、地元に残ることを決めます。どういう働き方がしたいかと、何を大事と考えて働くかといった問いにしっかりと向き合いました。そして、親に影響されたところで、自分は高いレベルでないとダメと思い込んでいたために、何をしても満足できなかったことに気づきます。そして、自分の力でできる、現実的で、かつ愛子さんの希望にかなう資格を見つけました。

親ともう一度大きなけんかをして、はっきりと限界を突きつけられ、あきらめざるをえないという厳しい体験をします。それに愛子さんは耐え、受け入れました。

この後も厳しい状況が待っていることは明らかでしたが、自分の人生を踏み出したいという強い決意が理解できましたので、筆者もカウンセリングの終結に合意しました。

## まとめ

愛子さんはカウンセリングにいらした時点で、自分が感じることや考えることに確信がもてず、自尊心がとても低い状態にありました。面白いとか、おいしいとかの感覚さえわからなくなっていました。親とは異なる考えや感じは、愛子さん自身にも認めがたいものとなっていたようでした。アサーションの観点から、カウンセリングでは、愛子さん自身の感じや考えを拾い上げていき、少しずつ面白いと思えるものとそうでないものが分化していきました。自分のなかは「空っぽ」と感じていた愛子さんは、自分なりに何かをもっていることに気づいて、少しずつ自分を信頼できるようになっていきました。

彼女は、ノン・アサーティブでした。相手のためを思って、無理をして我慢して合わせるのに、相手は、愛子さんがそんなに無理をしていたとは気づいてくれません。また愛子さんはこうであるべきだという思い込みが強くあったので、そのように振る舞わない人たちの行動は、許せないものでした。愛子さんは自分に対しても厳しい基準をもっていて、自分をダメな人間と思っていました。「完璧でなければダメ」「失敗してはダメ」という非合理な思い込みが自分を苦しめていました。愛子さんは、親がそう自分に言ってきたからだ、親のせいだと考えていましたが、一方で、そんなことをいつまでも言っても仕方ないのに、それにこだわる自分を許せないでもいました。それをカウンセリングの場で語ることができ、一部ですが直接親に伝えることができました。わかってほしいと期待していたことを認めることができましたが、その期待には応えてもらえないことを受け入れるしかありませんでした。孤独やさびしさを認めた後、愛子さんは、自分の人生をはじめて自分で選ぶことができました。主体的に自分の人生を選びなおしたといえるでしょう。

愛子さんは、筆者に頼りすぎることを警戒して、カウンセリングの間隔をあけたり、親の話はこれ以上したくないというなど、自分のペースを守りました。筆者は疑問を感じた場合は、率直に伝えましたが、納得がいった場合は、なるべく愛子さんのペースを尊重しました。愛子さんもきちんと「ノー」が言えましたし、理由も話し合うことができました。カウンセリングのなかで、アサーションの練習をしていたといえるでしょう。

**フォローアップ**

X年＋四年　愛子さんは資格を取り、働きはじめました。
X年＋七年　一人暮らしをしながら援助職として働いています。

最後に事例をまとめるにあたって、「役に立つなら」と快く掲載の許可をしてくださった愛子さんに心よりお礼を申し上げます。

（森川早苗）

# 3 アサーション・カウンセリング事例②
# 自己信頼を取り戻されたA子さん

## はじめに

アサーション・トレーニングを受けた人がそれをきっかけに自己変容の道を歩まれていることとは確信していますが、その人のトレーニングへの期待が大きすぎたり、目標があいまいであったり、問題の根が深い場合は、アサーション・カウンセリングがその効果を上げられます。アサーション・トレーニングでは言動を変えることによって、気持ちや生きる姿勢を変えようとしています。しかし、不安や葛藤が強すぎたり、否定的自己イメージが強すぎる場合は、カウンセリングが必要となります。今回事例として取り上げた方は、私がアサーション・カウンセリングをはじめた第一号の方です。事例を本で紹介することにはかなり迷いました。しかしその意義も大きいのではないかと思い、書かせていただくことにしました。クライエントの了解は得ましたが、クライエントの匿名性を保ち、秘密保持のため社会的背景やその他の事実をかなり変更しています。

この事例を取り上げたのは「自己信頼」の回復過程がはっきりと見えてくるからです。多くの人々が似たような苦しみを感じていらっしゃるのではないかと思います。もしこの方の一つの例が、苦しんでいる人々やそのような人をサポートしようとするカウンセラーの参考になれば、幸いです。

## 事例の概要

クライエント――A子、四〇歳（インテーク時）
カウンセラー――筆者
主訴――対人緊張とうつ状態、生きることが苦しい
家族――夫四三歳、会社員、「外向的、明るく前向きな人」（「　」はクライエントの言葉。以下同じ）。長男、一二歳、「暗い、自分の気持ちを出さない。おとなしい」。三人暮らし。
クライエントの経歴――「地方の高校を卒業後、東京の看護学校を卒業しました。しばらく、内科の個人医院に勤めますが、点滴のときに手が震えてしまい、毎日それが苦痛で、自分は看護婦には向いていないとすぐやめました。しばらく会社でアルバイトをしているときに現在の

夫と知り合い、結婚しました。結婚後は専業主婦をしてきましたが、最近はパソコンのインターネットの悩める人の掲示板を読んだりして時間を過ごしています。マンションに住んでいますが、近所づきあいもせず、挨拶程度です。いつも隣近所が気になり、窓は閉めきっています。性格は負けず嫌いのところもありますが、劣等感が強く、罪悪感が常にあります」とのことでした。さらに「結婚後、森田療法に一年通い、それから精神分析に一年通いました。そこでは自分の母親に問題があるということを知りましたが、自分のうつ状態はまったく改善しませんでした」。「アサーション・トレーニングを受けて、頭ではわかったが、感情がついていかなくて……先生の講義を聞いて信頼できると思ってアサーション・カウンセリングを申し込みました」とのことでした。

見立て――対人恐怖、対人緊張、うつ状態（神経症圏）

面接形態――私立のカウンセリングルームで、週一回五〇分（有料）

本人の個人カウンセリングを行いました。

## 面接過程

約二五カ月、五七回の過程について、一応一一期に分けて概観します。八期になってからは隔週か月一回になりました。

## 第一期　非主張的な自分

クライエントのA子さんは髪を少し赤く染めた、ちょっと疲れた感じのする人で、服装も全体的に重苦しい印象の人でした。ただ一つ極端に太い黒枠の派手な眼鏡が相手を威嚇するように際立っていました。はじめはこれまでの簡単な経緯と自分がゆううつな毎日を送っており、朝も起き上がれないと話されました。そしてすぐに話題がマンションの管理人とのトラブルに移りました。「管理人が嫌で怖い」と。毎回管理人との出来事が話に出ました。「以前は管理人に気を遣って下手に出ていました。自分からニコニコして挨拶したりしました。が、そのうち、アサーションを知って、ばかばかしくなりやめることにしました。そうしたらそれが気に食わないのか、私がいるところに急に現れたりするんです。以前のように、ちやほやされたいのか、駐車場で車を出そうとしていたら、管理人が掃除をする感じで寄ってきて車を妨害したんです。腹が立つやら、恐怖でぞーっとしました」などと関心事はしばらく管理人のことに集中します。「ずかずかと入ってこられると恐怖感を感じます。管理人が怒っているのではないかと怖いです」と話されました。

「連休で家族で外出していたら管理人がクリーニングを預かってあげたと持ってきました。そのときは下手に出て『ありがとうございます』と言ったのですが、あとで頼んでもいないのに、勝手に預かって、と腹が立って腹が立って、仕方ありませんでした」と怒りを述べられ、

「管理人は私が以前のようにちやほやしないので、またちやほやされたいのか、それとも私が怒っているのかと気を遣っているのかわからなくなりました」と少し客観的に相手のことも考えられるようになりました。またこの時期にゴミの不法投棄で自分が疑われているということも強く訴えました。隣の電灯がつくと自分が監視されていると思ったりしましたが、三週間で落ち着きました。不法投棄もなくなり、隣人も出てこなくなったということでした。でも窓は開けられず、レースのカーテンを閉めていたり、洗濯物を外へ出して思いきり干せないとも話していました。

この期の終わりごろには少し内省的に語れるようになりました。「先週土、日とすごく落ち込みました。落ち込んだ理由はよくわからないけれど……自分は弱くて、他人の食い物になってしまう……自分がこんなに苦労しているのに、まったく変わらないのではないかと思ってしまいました。もう一生、自分は弱いままだ……と。ずっと自分は強くなりたいと思ってきました……強く強くと。でも強いということは一体どういうことなのかもわかりません」と。アサーションの観点から少し話し合うこともありました。A子さんの気づきとしては「自分をすべての人に好かれたいと思っているのか……相手の気分が悪いと自分のせいだと思ったり……他人が気を悪くするのを自動的に恐怖に思っています」「やはり管理人にそのときどきにちゃんとアサーティブに言いたいです」など、少し前向きの発言もみられました。

### 第二期　集団に入れない自分・価値のない自分

「テレビでうつ病の治る薬を飲んで、元気になった人を紹介した番組を観ました。自分も飲みたい。でも心の苦しみは脳内物質だけのことではないとも思います。私は物心がついてからずっとくすぶってきたんです。こんなに苦しんで……もう本当に嫌なんですね。他の人は元気で気楽にやっているのに」とうつ状態の苦しみを訴えました。

「近所の人のなかにうまく入れません。誘われるけれど億劫で断ってしまうんです。趣味もお花をちょっとやろうとしたんですが、人間関係でやめてしまいました。自分を知られたくないんですね。はじめは表面的でいいんだけれど、それ以上はいけないんです。もう本当に怖いんです」「自分を表現するなんてとんでもない……という気がします」と恐怖感、怖さを何度も強調されました。ちょうど、夏休みで自治会の盆踊りに駆り出されたとのことでした。「打ち上げで、役員が三人で、役員でないのは自分一人だった。どうしても会話に加われなくて……役員の一人が攻撃的で怖かったです」「他者のなかで、いつも自分なんていてはいけない、邪魔者だ、いるべきでないとか、迷惑かけてはいけないとか、交渉すべきではないとか、結局自分は価値がないというところに落ち着くんです」「すべてが自分との闘いになって苦しいです」などとグループづきあいの怖さ、苦しさを訴えました。

この時期の目標を聞くと、「対等な関係と公平でいたい」という答えが返ってきました。

## 第三期　辛い原家族の思い出

「グループに入れません」「グループにいてはいけない。いる資格がないみたいです」「グループで発言する価値がない」「無視されます」「居場所がありません」などの訴えが続くうち涙を流されることがたびたび見られるようになりました。また「父母会など怖くていけない。子どもにも言ってないが、子どもが自分のせいで私が学校へ来ないと思うと困るので本当のこと、怖いということを言ってみようかしら」とはじめて子どもの話が出てきました。そのころから自分の子ども時代のことが話題にのぼりはじめました。

A子さんは地方の農家の三女として生まれたそうです。父親は無口だが働き者で、経済的には裕福で、近隣でも頼られる存在だったそうです。母親は影の薄い人で、父親のいいなりだったと言います。口のうるさい姑と舅につかえて、子どもたちの面倒はあまりみなかったそうです。下に二歳ちがいの長男（弟）ができてからは、母親は長男にかかりきりになり、A子さんには冷たかったといいます。弟をほめるために、わざとA子さんを非難することが多かったと記憶しているそうでした。A子さんは家族のなかではいつもだらしのない、気の利かない、かわいげのない、だめな子どもとして扱われました。長女は母親の世話役で、いつも母と一緒に弟の面倒をみていたので、母のお気に入りだったそうです。すぐ上の姉（次女）は、父親のお気に入りでした。性格がきつく、はっきりしていて男の子のようだといわれ、祖父母もかわいがっていました。そのために次女は家族のなかで威張っていて、父親の代わりに家族をしきっているようなところがあり、それは大人になった今も続いているそうです。とくに、すぐ上の姉は、A子さんをよくいじめたそうです。姉の遊び仲間のグループからいやがらせを受けたり、置いてけぼりにされたり、馬鹿にされたりしました。しかしA子さんはそのことを誰にも言えず、一人で自分の胸にしまっていたそうです。なぜなら「母が一番信頼できない人だったからです」とA子さんは涙ながらに訴えました。家族のことを話すときは本当に辛そうに涙を流されました。

しばらく原家族の話が続きました。「改めて、考えてみたら、すぐ上の姉には随分と嫌なことをされたな、と思いました。そして、ズーンと落ち込んでしまいました。一日中起き上がれなくて、食事も気持ち悪くて食べられません」と体調も悪そうでした。「子どものころ、いじめられることが嫌だという勇気もなくて……そういう余地……表現があるなんて思いもよりませんでした」「家族のなかでただいるだけで必死でした」「自分は嫌われて、いじめられて当たり前の存在と思っていました」などとも語られました。「私はすべて自分の感情を抑えてしまって……絶望していました」「父親にはひねくれ者とよくいわれました。母親はまったく感情のない人です。母親の顔は浮かんできません。顔がない人なんです」と母親に触れるときは激しく泣かれました。

## 第四期　母親への愛憎

眼鏡が太い黒縁から少し細めの赤い縁のものに変化していました。やわらかい印象で前回までと印象が変わっていらっしゃいました。「前回と前前回、なにかすごいことをしたようで、面接の後、とても疲れました」とのことでした。「肉体的ではないが、精神的にすごい重労働をしたような感じ」と語り、家族に触れることがどんなに辛いタブーだったかということが思い知らされました。「家族のなかで何を言われても、何をされても自分を守れなかった。なぜだろう」「母親にすべてをもぎとられたんです。歯も爪も……すべて奪われた気がします」「母が死んでいてくれてよかった、もし生きていたら殺していたかもしれません。八つ裂きにしてもしたりないほど、一番苦しむ方法で殺していました」。〈カウンセラー：きっとそれと同じだけの苦しみをA子さん自身が受けていたんですね〉。A子さんはじっと考えこみ、次のように述べました。「母はうつだったのかもしれません。私を産んだころ……まったく感情を出したことがありませんでした。いつも叱られるだけで、顔がまったくない人という感じがしていました、すべて父の言いなりだったし、祖父母の言いなりでした」。〈カウンセラー：もしお母さんが生きていられたら、お母さんに言いたいことありますか〉。A子さんは母親に自分の怒りをぶつけるのではなく、「それで幸せな人生だったの」と尋ねました。〈カウンセラー：お母さんはなんと答えるでしょうか〉ともう一度聞くと「『幸せじゃない』と言ってます。当然ですよね」と答えました。次回も母親の話に集中しました。母親がどんなに自分を拒否したか、冷たくしたか人間として認めなかったかが語られました。「私は権利があるのに、その権利を一切ふみにじられました。父には反抗しましたが、母には、一切、感じることも、自分の意志をもつこともすべてもぎ取られ、抑圧されたんです」「自分の意志をもってはいけない、すべてを奪われ、人間として認められませんでした。こんなことのために四〇年間苦しんできたと思うと口惜しいです」と泣きながら「虚しい、口惜しい、ばかばかしい」を繰り返されました。しばらく帰れそうもないので、休んでもらいました。

### 第五期　怒りの表現

A子さんは肩の力が抜けたような、ほっとしたような穏やかな表情ではありましたが、怒りを表現したいと述べます。「すごくイライラしています。車を駐車するときに後ろをぶつけてしまいました」「怒りがいっぱいで……でも、世間体、家族のためにと抑えています。本当は余裕なんかありません。自分のことでせいいっぱいです」。〈カウンセラー：もし許されるなら何をしたいですか〉。「若ければ、全部捨てて、暴走族かなにか……」と笑いました。

「口惜しい、私は怒りたいときに怒れなかったから、こんなに今ごろ怒っているんですね」と今度は泣きました。「本当に怒りたい。八つ当たりをしたい。誰でもいいからそこら中八つ当たりをしたい」「母が生きていれば『大嫌い』と言いたいです」と泣きました。「母は私が高校のとき、脳血栓でたおれて、弱くなりましたが、それでも私を統制していました。私は近づくのも怖かったし無力でした。母はなんの感情もない人で、冷たいロボットのようでした。父には反抗もしましたが、母には反抗したことも怒りを出したことも一切ありませんでした」。「今でも表面は愛想よくしていますが、中身はボロボロなんです。もう怒りを抑えることはしたくないです、自分を守るために……」「怒りを出しすぎないかと心配ですね。喉のところまでいっぱいなので、どこかちょっと出るとワーッと出てしまいそうで」「子どもは八つ当たりをまたかという顔で布団をかぶっています。でももう私も歳ですから大丈夫です。今日は怒りを出せてすっきりしました」と語りました。

## 第六期　絶望感と悲しみ

「毎日、絶望感におしつぶされています」「悲しくて……五年間、精神科に通ったり〈はじめて話された情報〉精神分析を受けたりしました……」「母親としてもできていないし、妻もできていない……ちょっと待って……一人にしておいて、という感じでした」。〈カウンセラー：自分が救われてないし、助けが必要なのに、他人の面倒なんてみれない〉。「そうなんですよー。私は半分以上自分を救うためにやってきた感じがします」「自分を救うためになんでもしたいんです。お金でも、時間でも、エネルギーでも」と心の叫びを感情をこめて訴えました。時にはしみじみと考え深げに語られることもありました。「自分の育った家庭で、自分で学んだことというか、……強いものは弱いものに何をしてもかまわない。弱いものは何をされても仕方ないということ」「さみしいとか悲しいとか不安だとか、そういうことは、出してはならない。それを出すことは恥ずかしいことだということ。（気持ちや感情は）後ろへ全部かくして、おいやられてしまって……」と。

時には感情をはき出すように激しく語ることもありました。「口惜しい、この怒りをどうしたらいいのか……、姉二人とも縁を切りたい。まったく関係をなくしたい」。

また対人関係については次のように述べていました。「どうして他人の前に行くと自分が変わってしまうのか。マンションの掃除当番を忘れていた人に会ったとき、こちらから『大丈夫よ……』といろいろ先にねぎらってしまうんです。ばかみたい。相手はそんなに気にしない人みたいなのに……後で何かとても嫌な気がしてしまうんです。他人の顔色を見る自分に。やはりいい人に見られたいのかしら。でもそれは今の自分には邪魔です」。〈カウンセラー：子どものときはそうでないと生きられなかったんですね。けなげにそうやって一人でなんとか生きぬいてきた。でも今は、もう大人だから必要ないのに、体のなかにそれが自動的にはいってしまったような……自動的にそう振る舞ってしまう〉。とても素直な表情で静かにさめざめと泣かれました。

## 第七期　父親との再会と別れ

実家の長女から連絡が入り、父親の容態が悪いと聞いて、実家へ帰ること、父親に会わねばならないこと、姉にも会わねばならないことに対して、A子さんはかなり緊張し、不安を訴えました。しかし、自分で「心残りがないように、父に会ってきます。本当に素直に正直な気持ちのままに父に会ってみます」と決断しました。その緊張ぶりは、食事も喉を通らないほどでした。

それから約一週間後、来室されました。晴れやかな表情で「生まれてはじめて、素直な気持ちで、心から父に接することができ、看病しました。父にも『ありがとう』と心から言えました。父にも私の気持ちが伝わったのがわかりました。心おきなく父と別れることができました。以前の母親の死には心を開けませんでした。カウンセリングのおかげです。父の死に間に合ってよかったという思いがしました。姉のことはあえて触れませんでした」と言いました。

## 第八期　亡き母親との訣別と許し

「怒りがまた、喉のところにのぼってきていて、腹が立つというか、いらいらします」とのことでした。「怒りは出すと、とどまるところを知らない感じで、出せないんです。すると出せない自分にまたいらいらしているんです」「子どもが今朝、ソファーに置いた私のセーターの上に座ったので『立ちなさい』と二回言っても立たないので、かーっとしてきて思いっきりぶってしまいました。毎日、こんなことを繰り返しています。子どもだから怒ることができます。子どもには悪かったと思います。電話のセールスの人にもさんざん嫌味を言ってしまい、電話機を投げてしまいました。この前はエレベーターで男二人が大声でしゃべっているので、思いっきり、睨んで『うるさいわね』と言ってやりました。後で、相当私も嫌味な意地悪おばさんだと思いました」と大笑いしました。「なんとかしなくてはと思って、スポーツジムへ行くことにしました」と少し余裕が出てきました。「この前自治会があったんですが、もうこれからは絶対他人のご機嫌をうかがったり、にこにこ下手に出ないようにしようと決めました」と言われ、「もう絶対自分が変わりたい」と決意を述べられました。

この後体調を崩されます。その原因は「もう母親に振り回されたくないんです。母を断ち切ろうとしたら罪悪感で怖くなってしまいました。死にたくもなりました。でももう大丈夫です、もう、さようならしました」と述べられ、亡き母親との別れが命がけの闘いであったこと、そしてその母親を心から許されたことが伝わってきました。

## 第九期　光のなかに一歩踏み出す

「一二月になってここへ来てから一年半ですね、この前歩いていて急にイメージが浮かんできたんです。今まで冷たい水の中に足が浸かっていたんだけれど、やっと水から出て、土手に登れたんです。土手の向こうにたくさんの人たちが遊んでいました。そのイメージが続いて私のなかにあります」「この前、マンションの隣人たちの集まりで、人をよく見たら、いつも私を無視する人も本当はおどおどしていて、さびしそうだと思いました。自分が他人に気を遣ったりするところは変えようと思ってもなかなか変わらないですね。本当に小さいころに催眠をかけられちゃったんですね。他人に気を遣えとか他人の機嫌を悪くするなとか……でもここへ来ていなかったら、もう酷い状態だったし、すごいうつ病で……子どもも虐待……もう考えられないくらいでした。以前と比べるとすごくよくなったし、子どもの話もよく聞いてあげられるようになったし、今度歌の会にも参加するんです」とうれしそうにしみじみ語られました。

## 第一〇期　母親としての再出発

眼鏡が縁なしの軽いものに変わり、表情がはっきりして明るくなりました。運動をしたり、サークルにも入って活動を始め、やせて体型も以前とは変わり、若々しさを取り戻されたようでした。この時期は長男との関係が話の中心となりました。小さいころはよく叱ったり、叩いたりしたようでした。そのせいか、長男はあまり感情表現をしないそうで、それを、反省も含めて心配していらっしゃいました。長男は母親のA子さんより父親が好きなようで、いつも父親の傍にいるようでした。父親が健康なおおらかな人のようで、長男も救われているように感じられました。A子さんがカウンセリングで話を聞いてもらったように、長男の話をよく聞こう、受容的に接しようと努力されているようでした。なるべく評価しないように、また、干渉しないようにと気をつけているようですが、ときどき不安になったり、心配したりと、母親らしさを取り戻そうとつとめているのがこちらにも伝わってきました。また、苦手な隣人やPTAの人にも自分から話しかけたり、自己主張したりと積極的に自己表現を試し、随分積極的に外に出て、うつ的なところはすっかり見られなくなっていました。

### 第一一期　自己信頼を取り戻し、アサーティブに生きる

いよいよ、一番恐れていた姉と会わねばならないときがきました。親戚の結婚式でした。これまで親戚が集まるようなときは、A子さんはすべて欠席してきました。そのうち、すぐ上の姉からは年賀状も来なくなったそうです。数カ月前からA子さんは気分が悪くなり、恐怖を訴えました。「もう嫌だ、姉の言いなりになりたくありません。ぺこぺこしたくもありません」と泣かれました。ところが、式の前日のカウンセリングではすっかり強気を取り戻されていま

した。タイミングよく、息子がちょっとした問題を起こしたからです。「どうせ姉なんか他人なんです。親戚といっても年に数回会うか会わない人だし、私にとっては自分の家族が一番大切なんです。そんな他人のことを、あれこれ心配している暇もないし、ばかばかしくなりました」と明るく語りました。カウンセラーも心のなかで声援を送っていました。

そしてその結婚式も終わり、A子さんは晴れやかな表情で現れました。そして次のように述べました。「自分では九五点だったと思います」と。なんとA子さんは自分のけじめとしてこれまで親戚の集まりに欠席してきたことをキチンと謝りたいと思って行ったとのことでした。そのことは自分の問題なのだから、自分で解決したかったと言いました。そして結婚式の当日、会場でタイミングを見計らい、自分のほうからあれほど恐れ、嫌っていた姉に近づき「これまでの集まりに欠席してしまい、失礼いたしました」とはっきり伝えたということでした。姉はびっくりした表情でかたまってしまい、無言だったそうです。〈カウンセラー：そんな自分をほめてあげたいですね〉。「そうなんです。けじめをつけられて、アサーティブにできた自分、これでいいんだっていうか……自信がついたっていうか」と述べられたので、〈カウンセラー：自己信頼ですね〉と言うと、A子さんは涙を浮かべて「自分は自分で、これでよいという感覚、これが自己信頼ですね。自分がずっと探し求めてきたのはこれだったんですね。ずっと何十年もかかって苦しんできたけれど、他人と違っても、自分の感じ方は私のものだという信頼感。やっとわかりました。やっとここまで来れました。自分がこんなになれるなんて夢にも思いませんでした。姉と自分の立場が逆で、姉が脅えて怖がっていて、私のほうがしっかり自信をもっていて、こんな日が来るなんてうれしい」と顔を輝かせて語りました。

その後は月一回、経過観察とし、子どもの問題やＰＴＡの人間関係などの話題でしたが、五七回目「今まで自分の庭はずーっと影でした。でも気がついたら、庭中に陽光がさしていて明るくなっていました」というイメージを本当にうれしそうに語りました。

そしてカウンセリングを終了することにしました。

## 考察

### ① アサーション・カウンセリング

この事例はかなり重症のうつ状態と対人恐怖症状がありましたが、クライエントのほうにアサーションが意識されているために、とても短距離的でやりやすかったという感想です。カウンセリング中にカウンセラーもクライエントも「アサーション」という言葉はほとんど使うことはなかったのですが、暗黙にめざしているところが一致して、わかっているという感じでした。クライエントが問題として語られることも本質的で的を射ていたと思いました。このことはアサーションがやはり人間の本質に迫るものであるからではないでしょうか。またうつ症状と対人恐怖症状の根本にある「自尊感情（自己信頼）」の欠如や低さに迫るには、アサーション・カウンセリングが有効であることを示す事例であったと思われました。

### ② カウンセリング過程

クライエントは外見はいかにもしっかりした強い人、見方によっては怖い人に見えました。評論家風の派手な大きな眼鏡は他者を威嚇しているようでした。しかし、その裏には他人が怖くて仕方ない小さな子どもが隠れているようでした。必要な愛をもらえず、自己表現も許されず、感情さえ忘れた傷ついた子どもでした。A子さんが重いうつ状態に陥るのも無理はありませんでした。しかし、彼女のなかの強さが自分を抑圧する家族を捨てさせました。彼女の決断は正しかったといえるでしょう。A子さんは精神科病院に五年通院し投薬を受け、また森田療法、精神分析も受け、それぞれ一年でやめています。それはA子さんの人間不信によるものであったと推察します。確かにカウンセリングの三期くらいまでは、人間不信をカウンセラーにも無言ではありますが、向けていました。眼鏡の奥の不信の眼をよく感じたものでした。彼女のうつ状態がかなりひどいものであることは、伝わってきました。子どもに対する虐待についてはほとんど話されなかったですが、カウンセラーは過去には時に虐待に近いものがあったのではないかと推察していました。はじめは日常生活における対人関係のトラブルについての話が中心でした。クライエントの思い込みや妄想的なところも感じられました。非主張的な言動の裏の激しい敵意や攻撃も伝わってきました。次第に内面に向かうようになり、涙を流されるようになりました。第三期では原家族のすさまじい、辛い話でした。第五期は一度も出したことのない原家族への怒りがあふれてきました。第六期は自分の人生に対する悲しみや救いのない絶望感に直面しました。第七期では父の死に直面することになりました。そのことによって、クライエントはカウンセリングを受けてきたことの意味を感じ、さらに一番触れられなかった母親への怒りの表現と向かいました。母親にまったく愛されなかったということを認めることは辛いことです。しかし彼女は勇敢に自分の感情に立ち向かいました。そこがこの事例のピークでした。

彼女のうつ状態のもとには激しい怒りと絶望がありました。そしてそれをはき出せたとき、彼女は母を許し、母の呪縛を解きました。それは一カ月の身体症状として現れるほど激しい闘いでした。その後彼女は今まで自分の犠牲にしてきた長男のよい母親になろうと努力しはじめます。彼女の言葉によれば、カウンセラーの辛抱強い、受容的な態度から自分の息子に対する態度を学んだということでした。A子さんはすっかりうつ状態を脱し、積極的にサークルに入り、PTAの役員を引き受け、人間関係を楽しめるようになりました。自己表現も心がけているようでした。そして、第一一期の「探し求めていたのは自己信頼」であったという言葉は、やっと目標を達成したという喜びの表現でした。また九～一一期のイメージは、彼女の心の状態を的確に表したものでした。またA子さんは外見が柔らかくやさしくなり、運動のせいか少しやせて、眼鏡は縁なしに変わり、全体に明るく変身しました。

## 結び

アサーション・カウンセリングを利用し、重度のうつ症状と対人恐怖を訴えられた事例の治療過程を報告しました。治療過程ではクライエントは怒り、悲しみ、恐怖、絶望など、否定的な激しい感情に直面され、表現していきました。そして表現とともに自己を感じられるようになり、自己理解と自己受容を重ね、ついには自己の中核である自己信頼を手にされました。この自己信頼があれば、これからの人生を大切に楽しんでいけるでしょうし、またA子さんが望まれる良い母親、良いパートナー、隣人、友人にもなれるでしょう。

カウンセラーのほうもA子さんからアサーションの醍醐味を感じさせていただきました。勇気をもって闘い抜かれたA子さんに心から感謝したいと思います。

（土沼雅子）

# あとがき

本講座のシリーズ企画を立てたとき、アサーションという考え方は21世紀の日本人にとって欠かすことのできない生き方を示唆するであろうと予測してはいましたが、まさかこれほどの大事件によって、対話の重要性を身にしみて感じさせられるとは想像していませんでした。人類が続くかぎりおそらく末永く語り伝えられるであろう二機の飛行機が高層ビルに激突した二〇〇一年九月十一日は、「人は話し合って、どうにか仲良くやっていくことはできないのだろうか」という問いを強く投げかけた日でもありました。

人が滅ぼし合わないで、また、わかり合えないことで傷ついたり、絶交したりすることなく、自分を語り、相手に耳を傾けることができるようになることは、誰もの望みであり、誰もがめざしていることです。しかし、その望みを叶えることがいかに難しいか、それは九月十一日の事件が起こらなくても、私たちはよくわかっていました。

とくにカウンセラーは、自分のストーリーをわかってもらうことができないために自分を実現するチャンスを失ってきた多くの人々に出会います。そして、その人々のストーリーにしっかり耳を傾け、理解しようとすることを通して、人々のわかってもらえなかったストーリーを理解されるチャンスをつくります。そこで人々は、自分の気持ちや意思を確かめ、それを自分なりに表現し、語ることで、生きられなかった自分、見えてなかった自分を発見し、新たな自分のストーリーを生きはじめます。そのやりとりは、クライエントが自分を正直に、素直に語り、カウンセラーが傾聴するということと、カウンセラーがクライエントに語りかけ、それをクライエントが聴くという相互作用のプロセスであり、そこに新しいストーリーが創り出されていきます。それは、双方ともがアサーションを試みている姿であり、わかり合い、ともに生きる道を探っている姿でもあります。

こんなやりとりは、単に自分の身近な人とだけとか、日本人だけとかでなく、世界の人々とできることが理想でしょう。そして、世界につながる道は、すぐそばの人々としっかりアサーションをしあうことにはじまるのではないかと思います。

シリーズのこの巻では、とくにカウンセラーがアサーションを身につけ、アサーションを基本にカウンセリングすることとの意味と重要性を考えてきました。

その理由の一つは、カウンセラーは仕事柄、アサーティブでないことが多々あるからです。クライエントの話を聴くことは、無意識のうちにクライエントの言っていることに同意することと思って、相手に賛同しているカウンセラーがいます。聴くことは同意することではないのです。また、危機的な状況にあるクライエントに、自分の危機を省みず尽くしてしまい、自分がバーンアウトしてしまう人もいます。助ける人は、自らを助けられなければ役に立たないのです。さらに、カウンセラーの言うことは、クライエントにとってわかりやすく、明瞭であるにこしたことはありません。カウンセラーの言っていることがわかりにくくては、クライエントに余計な負担をかけるのです。

カウンセラーには、よりアサーティブになってもらいたいという願いがあります。

第二に、現代ほど、人々が自己表現を必要としているにもかかわらず、自己表現ができていない人が多い時代もないのではないでしょうか。現代人の自己表現は、what つまり情報交換と描写にあふれており、how や why つまり気持ちや考えがどんどん少なくなっています。人の独自性やその人らしさは、ものごとについての情報や描写の交換だけではわからないのです。気持ちや意見が聴けることがその人を知り、その人と近づく道です。しかし、それは傷つけ、傷つく可能性もある道であるため、そして、葛藤やもめごとが起こりやすい危険があるため、避けがちになります。避けていれば、すばやい同意の道が開けると思い込んでいるのでしょう。それは非主張的と攻撃的な表現が潜入する隙間をつくります。アサーションは、苦しんでいる人たち、葛藤を避け、話し合いができなくなっている人々に、how や why を語る機会と、カウンセリングを豊かな対話の場にする方法を提供します。同時に、クライエントの日常をそんな対話の場にする助けにもなるでしょう。

現代のカウンセラーは、孤立しつつある人々をつなぐアサーションに目を向けてほしいと思っています。

第三に、これからのカウンセリングでは、面接だけでなく心理教育的なもの、コーチングなどが大いに取り入れられていくでしょう。そんなとき、アサーション・トレーニングができるトレーナーは、体験学習とコーチングの方法を活用して、より広い心理的援助に役立てることができるでしょう。

カウンセラーは、対人関係のプロであるゆえに、心理的に安全な環境づくりをしながら、対人関係のスキルを教えるコーチ、トレーナーでもあってほしいものです。

人類の未来が危うく感じられる年頭に、対話にこそ解決の道があるという思いを託して、本書をおくります。

二〇〇二年一月

平木典子

# アサーション関連参考資料

## 図　書

相川　充・津村俊充（編）『社会的スキルと対人関係』誠信書房　一九九六
アルベルティ、R E&エモンズ、M L／菅沼憲治・ハーシャル（訳）『自己主張トレーニング――人に操られず、人を操らず』東京図書　一九九四
ディクソン、A／山本光子（訳）『アサーティブネス（積極的自己主張）のすすめ――前向きに生きようよ女性たち！』柘植書房　一九九二
ディクソン、A／竹沢昌子・小野あかね（監訳）『第四の生き方――「自分」を生かすアサーティブネス』柘植書房新社　一九九八
ドライデン、W／國分康孝・國分久子・國分留志（訳）『論理療法入門――その理論と実際』川島書店　一九九八
エリス、A／野口京子（訳）『理性感情行動療法』金子書房　一九九九
エリス、A／本明　寛・野口京子（監訳）『ブリーフ・セラピー――理性感情行動療法のアプローチ』

金子書房　二〇〇〇
エリス、A&ハーパー、R／國分康孝・伊藤順康（訳）『論理療法』川島書店　一九八一
フェルプス、S&オースティン、N／園田雅代・中釜洋子（訳）『アサーティブ・ウーマン』誠信書房　一九九五
平木典子『アサーション・トレーニング――さわやかな〈自己表現〉のために』日本・精神技術研究所（発行）・金子書房（発売）　一九九三
平木典子『自己カウンセリングとアサーションのすすめ』金子書房　二〇〇〇
平木典子『言いたいことがきちんと伝わる50のレッスン――話し上手になれる本』大和出版　二〇〇〇
平木典子『自分の気持ちを素直に伝える52のレッスン――ほめ上手になれる本』大和出版　二〇〇一
平木典子他『心を癒す「ほめ言葉」の本』大和出版　一九九八
キルケゴール、S／片山泰雄（訳）『死にいたる病』キルケゴール全集第十巻　人文書院　一九四九
メイ、R／小野泰博・小野和哉（訳）『失われし自己をもとめて』誠信書房　一九九五
パルマー、P／eqPress（訳）『自分を好きになる本』径書房　一九九一
パルマー、P／eqPress（訳）『ネズミと怪獣とわたし』原生林　一九九四
リー、S&グレイアム、RS／高山　巌・吉牟田直孝・吉牟田直（訳）『自己表現トレーニング――ありのままの自分を生きるために』岩崎学術出版社　一九九六
ロージァズ、CR／佐治守夫（編）・友田不二男（訳）『カウンセリング〈改訂版〉』ロージァズ全集第二巻　岩崎学術出版社　一九七七
シェネパード、M／藤田敬一郎・杉野元子（訳）『ナースのためのアサーティブ・トレーニング――さ

わやかに自分を主張する法』医学書院　一九九四
園田雅代・中釜洋子『子どものためのアサーション（自己表現）グループワーク』日本・精神技術研究所（発行）・金子書房（発売）　二〇〇〇

## ビデオテープ

平木典子（監修・指導）
第一巻『アサーション・トレーニングの理論とその背景』チーム医療　一九九六
第二巻『アサーション・トレーニングを学ぶ』チーム医療　一九九六
平木典子・田中早苗（監修）『セクハラがなくなる話し方・接し方』日本経済新聞社　一九九九

## 編　者

### 平木典子（ひらき　のりこ）

IPI（統合的心理療法研究所）顧問

1936年　中国東北（旧満州）生まれ。津田塾大学英文学科卒業。ミネソタ大学大学院修士課程修了。立教大学カウンセラー，日本女子大学教授，跡見学園女子大学教授，東京福祉大学大学院教授を歴任。臨床心理士，家族心理士，認定カウンセラー。専門は，家族心理学・家族療法。主な著書に『新版 カウンセリングの話』『カウンセリングとは何か』(ともに朝日新聞社)，『自己カウンセリングとアサーションのすすめ』（金子書房)，『カウンセリング・スキルを学ぶ』（金剛出版）などがある。

20代の頃は，「メサイア」「第九」「マタイ・ヨハネ受難曲」などを年１～２回演奏するアマチュアの合唱団で，歌に明け暮れる日々を送っていた。

### 沢崎達夫（さわざき　たつお）

目白大学学長

1952年　静岡県生まれ。東京教育大学教育学部心理学科卒業。同大学大学院修士課程修了。筑波大学心理学系講師，大正大学助教授，教授，目白大学教授を経て，現職に。臨床心理士，日本カウンセリング学会理事。専門はカウンセリング。主な著書に『学校カウンセリング辞典』（編著，金子書房)，『登校拒否』（共著，金剛出版)，『臨床心理リーディングガイド』（編著，サイエンス社）などがある。

下手なギターの弾き語りでストレスを解消しているベンチャーズ・ビートルズ世代である。しかし，年のせいか1960年代後半から70年代にかけての曲に偏っているのが難点である。

### 土沼雅子（どぬま　まさこ）

文教大学名誉教授，心の相談室 TSS（Time-Space Spirit）主宰

1945年　大阪生まれ。東京女子大学文理学部心理学科卒業。国立精神衛生研究所研究生，立正女子大学助手，文教大学講師，助教授，教授を歴任。その間，精神科病院カウンセラー，神経科クリニックカウンセラー，学校カウンセラーなどを兼任。臨床心理士。専門は人間性心理学・分析心理学・トランスパーソナル心理学。主な著書に『夢と現実』（二期出版)，『人間性の深層』（共著，創元社)，『イメージの人間学』（編著，誠信書房）などがある。

好きなものは小鳥，犬，樹木，映画鑑賞，旅行。高校までバレエをやっていたので踊るのも大好き。週末は低山歩きとガーデニングに夢中のこの頃である。

執筆者（執筆順）

土沼雅子（どぬま　まさこ）　編　者
沢崎達夫（さわざき　たつお）　編　者
無藤清子（むとう　きよこ）　東京女子大学名誉教授
平木典子（ひらき　のりこ）　編　者
山中淑江（やまなか　よしえ）　立教大学学生相談所カウンセラー
現代心理学部教授
森川早苗（もりかわ　さなえ）　えな・カウンセリングルーム
臨床心理士・家族心理士

［アサーション・トレーニング講座］
**カウンセラーのためのアサーション**

2002年7月30日　初版第1刷発行　　　検印省略
2018年12月20日　初版第14刷発行

編　者　　平木典子
　　　　　沢崎達夫
　　　　　土沼雅子
発行者　　金子紀子
発行所　株式会社　金子書房
〒112-0012　東京都文京区大塚3-3-7
電　話　03-3941-0111
ＦＡＸ　03-3941-0163
振　替　00180-9-103376
URL http://www.kanekoshobo.co.jp

印刷　藤原印刷株式会社
製本　株式会社宮製本所


ISBN978-4-7608-9531-1 C3011　　Printed in Japan